能源相对价格与我国高、低能耗行业出口

差异化影响及对策研究

杨迎春◎著

上海财经大学出版社

图书在版编目(CIP)数据

能源相对价格与我国高、低能耗行业出口:差异化影响及对策研究/杨迎春著.
—上海:上海财经大学出版社,2021.12
ISBN 978-7-5642-3908-4/F·3908

Ⅰ.①能… Ⅱ.①杨… Ⅲ.①能源价格-研究-中国 Ⅳ.①F426.2

中国版本图书馆CIP数据核字(2021)第234788号

能源相对价格与我国高、低能耗行业出口
差异化影响及对策研究

著 作 者: 杨迎春 著
责任编辑: 陈 明
封面设计: 张克瑶
出版发行: 上海财经大学出版社有限公司
地 址: 上海市中山北一路369号(邮编200083)
网 址: http://www.sufep.com
经 销: 全国新华书店
印刷装订: 江苏凤凰数码印务有限公司
开 本: 710mm×1000mm 1/16
印 张: 10.25(插页:2)
字 数: 147千字
版 次: 2021年12月第1版
印 次: 2021年12月第1次印刷
定 价: 52.00元

前言

由于能源要素自身的特殊性，导致一国的能源价格形成相对于其他生产要素的价格形成更加复杂。中国的能源价格形成机制自改革开放以来经历了漫长的探索过程，目前虽然部分能源品种的定价机制已经基本实现以市场为导向，但是主要的能源品种（如成品油、天然气和电力）都还是以政府管制下的指导定价为主。相比较而言，发达国家在主要能源品种（如石油、煤炭和电力）的定价上市场化程度更高，能源价格的走势受市场因素的主导更加明显。由于现阶段中国与国外主要发达国家在能源定价机制上的不同，导致国内外能源价格无论在绝对价格水平上还是在相对价格波动走势上，都存在一定的差异。有两个比较突出的表现特点：一是国内绝对能源价格水平要较国外发达国家水平低；二是国内能源价格走势的波动幅度相对于国外发达国家要小。本书研究中所提出的“国内外能源相对价格”概念是基于研究目标的需要，设定为国内外能源的比较价格指标，是为避免国内外能源绝对价格比较中存在的统计误差，仅用于衡量国内外能源价格走势差异的指标。

作为拉动中国经济增长的“三驾马车”之一，出口贸易在中国经济的快速发展中发挥了至关重要的作用，高速的出口贸易增长为国家整体经济实力的增强做出了巨大的贡献。早在 2009 年中国就已经一跃成为世界第一“出口贸易大国”，出口贸易规模当时就已经成为全球领头羊。伴随着中国出口贸易的发展，国内经济发展中形成的新问题也逐渐显现，尤其是能源领域的问题引发的矛盾日益突出。持续高速的出口贸易发展对国内能源消费的拉动导致了国内能源供求安全存在一定的风险，过度的能源消费同样引发了较为严重的环境问题，高能耗、高污染、高排放的产业发展虽然为经济增长做出了贡献，但是对国家的长期稳定可持续发展战略构成了挑战，形成了一些社会问题。早在“十二五”期间，中国政府就把“调结构，提升经济发展质量”作为国家发展的首要目标；在制定“十三五”规划时，中国政府又把“继续调结构，转变经济发展方式”放在首位，旨在通过推动经济结构的调整以实现节能减排的战略目标。基于这一背景，如何实现在保持中国出口贸易稳定可持续发展的同时，成功地对不同能耗视角下的出口结构进行优化调整，是当前亟待研究的课题。能源作为与劳动力、资本等具有同样重要地位的生产要素，其价格的高低和走势必然对一国出口贸易产生影响。从要素禀赋理论来看，能源价格的高低对于一国高、低能耗行业的出口贸易影响必然存在一定的差异。从开放情形的视角来思考，国内外能源价格的差异化波动与一国高、低能耗行业的出口贸易发展必然存在深层次的关联关系。中国现行的能源价格机制下的能源价格与国际能源市场价格走势存在什么样的差异化情形？不同能耗视角下的中国出口贸易发展现状及存在的问题有哪些？“国内外能源相对价格”如何影响中国高、低能耗行业的出口贸易发展及应当采取什么样的应对之策？当前背景下中国能源价格机制如何深化改革以推动中国高、低能耗行业出口结构调整？这些都是本书研究的重点话题。

本书的研究内容主要基于以上研究目标和思路展开，首先对国内外能源价格指标进行选择，并对国内外能源相对价格指标进行构建，继而采用非竞争型投入产出法测算不同出口行业引致能耗情况，并依据测算结果对中国各行业历年平均出口能源强度（或能源强度）排序，进行高、低能耗行业划分，形成科学严谨的高、低能耗出口行业划分标准，之后通过对高、低能耗行业出口行业贸易规模变化、出口比较优势变迁和出口质量演变三个角度的全面分析，探索不同能耗视角下中国出口贸易发展及其存在的问题。本书研究的重点在于，着重分析国内外能源相对价格对中国高、低能耗行业出口的差异化影响并得出相应的政策启示，在理论分析框架中将国内外能源相对价格与中国高、低能耗行业的出口问题联系起来，通过一般均衡的理论推导，揭示能源相对价格对中国高、低能耗行业出口的差异化影响机理，并在理论分析的前提下，引进其他控制变量，采用小波时频分析法、多元回归静态分析法和 FGLS 实证检验等多种计量方法，从实证角度分析国内外能源相对价格对中国高、低能耗行业出口的差异化影响情形，并根据研究结论得出相应的政策启示。本书研究的落脚点是基于当前国内外能源相对价格对中国高、低能耗行业出口差异化影响的背景，思考如何通过中国能源价格机制改革推动中国高、低能耗行业出口结构调整和优化。本书采取可计算一般均衡模型（CGE）模拟能源价格市场化对中国高、低能耗行业出口的差异化影响，同时探索利用能源价格机制改革推动中国实现不同能耗行业对外直接投资以替代出口贸易的可行性，最后基于研究目标、结合相关的研究结论和政策启示，提出产业政策、出口贸易政策和能源政策等协同互动的对策建议，并分别从三个角度提出了优化调整中国高、低能耗行业出口结构的具体政策建议。

本书分为七章。第一章为导论；第二章为文献综述；第三章为相关概念界定与研究指标构建；第四章为中国高、低能耗行业出口贸易发展研究;第五章为能源相对价格对中国高、低能耗行业出口影响的多角度研究;第六章为能源价格机制改革推动中国高、低能耗行业出口结构优化;第七章为研究总结与展望。

杨迎春

2021 年 8 月

目录

第一章　导　论

第一节　研究背景

能源要素本身的特殊性使中国的能源价格形成机制与国外主要发达国家存在一定的差异，直接导致国内外能源价格走势的差异。中国主要能源品种的价格形成受到政府一定程度的管制，而以美国为代表的发达国家的能源价格主要以市场机制主导形成。以中国与美国的能源价格为例(如图 1—1 所示)，对比 2000—2016 年以上年度价格为 100 的中美工业部门购进能源价格指数为指标，对二者趋势比较发现：虽然中美能源价格波动趋势基本相同，但同期波动幅度存在差异。中国能源价格变动幅度不论是上涨或下跌均小于美国能源价格波动幅度，中国能源价格波动较美国更为平稳。整体呈现国内外能源价格长期走势基本相同，但同期波动幅度又存在一定的差异。以美国为代表的国际能源价格 2002—2008 年上涨幅度远大于国内，随后 2009 年的下跌幅度也大于国内的下跌幅度，2009—2013 年的上涨幅度又大于国内，直至 2014—2016 年的波动趋势与前期呈现的情形基本一致。

国内外能源价格的差异化波动对中国的出口贸易发展产生了一系列影响效应，根据作者 2009—2013 年的研究结论发现，在国际能源价格上涨的背景下，中国的能源价格管制政策使国内能源价格上涨幅度低于国

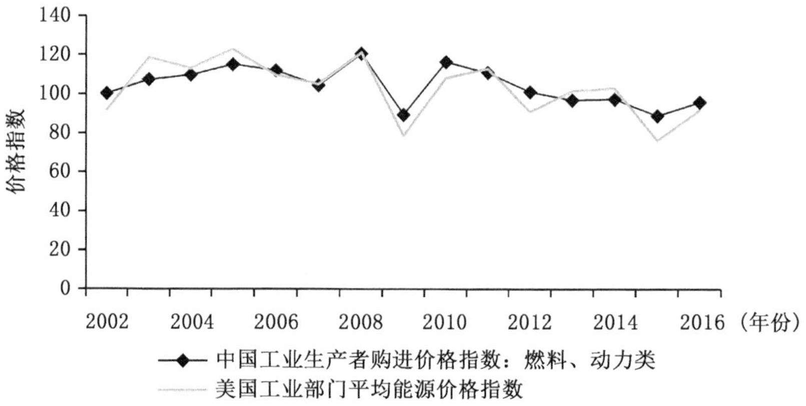

数据来源:根据中国经济数据库(CEIC)与美国能源信息署(EIA)数据整理而得,原始数据见本书附录一。

图 1—1　中美工业部门购进能源价格指数走势比较

际水平,为中国出口贸易规模的增长和出口贸易结构的升级起到了至关重要的作用,但同时这也是形成中国高能耗、高排放的出口结构特点的重要原因之一。国内与国际市场的能源价格差异化波动是中国现阶段经济新常态下制定发展战略时必须考虑的重要因素之一。"十二五"和"十三五"阶段,中国一直致力于实现节能减排目标的同时维持出口贸易稳定发展,政府努力通过保障出口规模的前提下调整高能耗和低能耗行业的出口比例结构以同时实现这一双重战略目标。近年来,国际能源市场价格持续下跌的背景下,国内能源价格虽然也随之调整,但相对调整时点滞后,且幅度相对有限。这一客观情况对中国高、低能耗行业的出口产生了什么样的差异化影响?其影响机理是什么?影响的幅度有什么差异?随着国内能源与环境问题的日益显现,节能减排的任务也越来越重,未来在国内、国际能源价格差异化波动的背景下,如何制定合理的产业政策、贸易政策和能源政策以保障出口贸易稳定发展的同时,实现优化调整高、低能耗行业出口结构?基于这一研究目标,本书在 2015 年度国家社科基金课题指南应用经济第 40 项“对外开放新形势下竞争、产业、贸易政策协调研究”指导下，提炼出“国内外能源相对价格对中国高、低能耗行业出口的差异化影响及对策研究”的研究成果。这里的“国内外能源相对价格”在本书第三章第一节做了详细的概念界定。

第二节　研究意义

从研究的理论意义上而言，国际贸易问题的传统研究重点主要集中在资本和劳动力要素视角，而本书的研究探讨开放情形下国内外能源要素价格的差异化波动对一国不同能耗行业的出口贸易影响，是从一个新的视角切入，对国际贸易理论的普遍适用性进行了拓展。本书研究旨在探讨能源要素价格对不同能耗出口行业的差异化影响，将国内外能源相对价格与不同能耗视角下中国出口结构优化问题联系起来，并从多个角度深入研究二者之间的理论关系和实证影响情形，以期得出优化能耗视角下的中国出口贸易结构，保证中国出口贸易稳定可持续发展。本书的研究某种程度上是将能源经济学问题与国际贸易学问题结合起来探讨的跨学科综合研究。

从研究的应用价值而言，中国现阶段虽然已经发展成为一个出口贸易大国，但从全球的总体情况看，贸易发展还属于“大而不强”，能耗视角下的结构性问题突出，尤其是高能耗、高排放的行业出口一直在整体出口中具有重要的地位，这也在一定程度上导致了出口贸易抗击能源价格波动风险能力弱。当前国内国际市场能源价格的差异化波动是一个不可回避的客观存在，中国的经济发展进入新常态阶段，未来要在保障出口贸易稳定发展的前提下实现高、低能耗行业出口结构精确、合理和有序的调整优化，探讨不同角度下国内外能源相对价格对中国高、低能耗行业出口影响机理和幅度的差异，并基于研究结论，针对如何调整高、低能耗行业出口提出相应的应对策略，对长期实现节能减排的同时维持出口贸易稳定发展双重战略目标具有重要的现实价值。

第三节　研究内容、思路与方法

一、研究内容

本书的研究内容包括四个部分,涉及本书第三章、第四章、第五章和第六章。

(一)相关概念界定与研究指标构建

1. 本研究中相关基本概念的界定

由于能源品种本身的多样性和复杂性,不同学科中的各种表述和概念纷繁复杂,给相应的研究带来了一定的困难。第三章第一节主要以研究目标为导向,以社会科学研究的可行性和科学性为前提,对研究中涉及的能源、能源价格、能源相对价格和高、低能耗行业等概念进行梳理和界定,以保持后续研究的统一性、保证研究思路的一致性,确保研究结果科学可靠。

2. 国内外能源价格衡量指标选择与国内外能源相对价格指标构建

能源价格变化的频繁及国际间统计口径的差异等因素,使能源价格数据的可获得性和科学性都受到一定的影响,这也是近年来各类研究中探讨能源价格问题时受到的一个制约,在没有更好办法的情况下,部分学者只能以某种能源的价格"以偏概全"地代替能源价格。第三章第二节将对国内外学者所采用的能源价格数据进行梳理,获取一个相对科学的"综合的能源价格"指标,衡量国内和国际能源价格的一般水平。进一步地,该节还对当前国内外能源价格差异化波动进行量化比较,构建合理科学的"国内外能源相对价格"指标。

3. 中国高、低能耗出口行业划分

第三章第三节基于世界投入产出数据库(WIOD)2000—2014 年投入

产出数据进行测算分析，首先采用非竞争型投入产出法对全部出口行业的能源消耗进行测算，并依据不同行业的历年平均出口能源强度（或能源强度）高低进行排序，按照排序的先后进行高、低能耗出口行业划分，为后续的研究提供基础。

（二）中国高、低能耗行业出口贸易发展问题研究

第四章在前文进行出口行业划分的基础上，按照高、低能耗行业来分析研究中国出口贸易发展的问题，主要从高、低能耗行业出口贸易规模发展及结构影响、比较优势变迁及出口质量演变角度进行全面探讨，从深层次挖掘高、低能耗视角下中国出口贸易发展及其存在的问题。

1. 中国高、低能耗行业出口贸易发展分析

第四章第一节按照能耗高、低划分的行业出口贸易发展情况，分别对高、低能耗行业出口贸易规模的变化趋势和出口结构因素在出口贸易引致能耗变化中的影响进行分析，从不同能耗视角下对中国出口贸易进行整体评价与剖析，探索出口结构因素在中国出口贸易引致能源消耗增长中的影响情形。

2. 中国高、低能耗行业出口贸易比较优势变迁分析

中国的出口贸易规模目前已经达到世界前列的水平，表明中国出口贸易的发展在“量”上已经取得了巨大的成就。这种“量”的积累来源于哪些行业积累的比较优势？这些优势经历了怎样的发展变迁？第四章第二节选择美国作为研究参照，基于中美两国的数据，采用优化的比较优势模型对中国相对于美国高、低能耗行业的出口比较优势进行测算并分析其变迁特点。

3. 中国高、低能耗行业出口贸易质量演变分析

随着世界范围内国际贸易环境的变化，简单地依赖价格优势进行国际竞争已经难以保证中国出口贸易的持续稳定发展，从出口质量的角度来审视中国出口贸易的发展历程，并对不同能耗行业出口质量的演变进

行全面的梳理和分析是十分必要的。第四章第三节利用需求信息回归推断法全面测算获得中国高、低能耗制造业出口质量演变数据，分析其特点和存在的问题。

（三）能源相对价格对中国高、低能耗行业出口影响的多角度研究

第五章是本书研究的重点和核心内容，主要是从不同的研究视角进行国内外能源相对价格对中国高、低能耗行业出口的差异化影响问题的研究。首先进行理论分析，构建一般均衡分析框架推导国内外能源相对价格如何影响一国高、低能耗行业的出口发展，继而根据理论分析的结论，建立实证研究模型，利用前文获得的测算数据，同时引入其他控制变量，采取多种不同的计量方法对国内外能源相对价格如何影响中国高、低能耗行业出口贸易的实际情形进行多角度、深层次的探索。

1. 国内外能源相对价格对高、低能耗行业出口影响的一般均衡分析

能源价格对出口贸易的影响主要是通过影响节能技术改进（技术效应）和能源成本（成本效应）两个路径来影响贸易优势的变化。国内外能源相对价格对高、低能耗行业出口的技术效应和成本效应存在何种差异？导致这种差异的中间环节因素有哪些？第五章第一节旨在建立优化的一般均衡经济数理模型，将技术因素和成本因素都纳入一个研究框架来考察国内外能源相对价格对高、低能耗行业出口的差异化影响机理，为后续的实证分析建立理论基础。

2. 能源相对价格对中国高、低能耗行业出口的差异化影响

第五章第二节首先对传统的 H-O 理论进行拓展，构建更符合现实情形的能源要素价格影响一国出口贸易的理论框架，进行理论逻辑分析，进而采用小波时频分析方法从“时域”与“频域”两个维度考察国内外能源相对价格对中国高、低能耗行业出口的差异化影响。根据实证结论，该节得出为兼顾缓解能源问题与促进出口贸易的发展，如何采取针对性的能源政策和贸易政策以引导高、低能耗行业出口发展的政策启示。

3. 能源相对价格对中国高、低能耗行业出口贸易质量影响的研究

第五章第三节从能源要素价格视角，首先探索在开放情形下国内外能源相对价格对中国高、低能耗制造业在不同市场竞争激烈程度情境下的出口质量影响机制；继而利用前文的需求信息回归推断法全面测算获得的中国高、低能耗制造业出口质量变迁数据，进一步实证分析能源相对价格对中国高、低能耗制造业出口质量的实际影响情况；最后结合实证研究结论，得出从能源价格机制改革、提高资本密度、提升劳动力效率等方面进一步改善中国高、低能耗制造业出口质量的政策启示。

(四)能源价格机制改革推动中国高、低能耗行业出口结构优化

第六章为本书研究目标的落脚点，主要在前文研究结论和政策启示的基础上，以适应当前国内外能源价格差异化波动现象存在的背景下，基于其对高、低能耗行业出口的影响机理、方向和幅度的差异，探索能源价格机制改革推动中国高、低能耗行业出口贸易调整的可行性及具体措施，以便在保障实现“节能减排”战略任务和保持中国出口贸易现有优势的基础上，对中国高、低能耗行业出口结构进行合理科学地优化，实现中国出口贸易在全球价值链上分工的攀升。

1. 中国能源价格市场化对高、低能耗行业出口结构调整模拟

第六章第一节构建了具有中国能源价格特征的 CGE 模型。首先将工业行业依据能源消耗密度分为高能耗行业和低能耗行业两大类，模拟设计了在两种不同技术进步水平下的两种能源价格市场化方案，其次分别测算四种情境下能源价格波动可能对中国高、低能耗工业行业出口的差异化影响，最后基于研究结论得出利用能源价格市场化机制改革推动中国高、低能耗行业出口结构调整的政策启示。

2. 当前背景下中国高、低能耗行业 OFDI 对出口贸易的替代

第六章第二节从能源要素视角分析中国对美国 OFDI 的影响因素及其机理，并进一步利用 2002—2016 年中国 8 个制造业对美国直接投资的

面板数据,通过全面 FGLS 实证检验中国制造业对美国 OFDI 的影响因素。实证检验时,根据行业能源强度将中国制造业分类为高、低能耗水平制造业,分别进行回归分析。研究目标在于找出如何从能源价格机制改革和调整出口贸易战略角度促进中国制造业对美国 OFDI 的发展,从而实现中国高、低能耗出口结构优化,最终提升在全球价值链上的分工地位。

3. 中国高、低能耗行业出口结构优化调整的政策建议

为实现中国出口贸易的高质量持续稳定发展,同时兼顾节能减排的战略目标,不断优化调整能耗视角下的中国出口贸易结构是十分必要的。第六章第三节基于研究目标,结合前文的多角度研究结论和政策启示,提出产业政策、贸易政策和能源价格机制改革协同互动推动中国高、低能耗行业出口结构调整的对策建议,并分别从产业政策、出口贸易政策和能源政策三个角度提出了优化调整中国高、低能耗行业出口结构的具体政策建议,以期实现多目标的战略诉求。

二、拟解决的重点、难点问题

(一)国内外能源价格指标的选取与能源相对价格指标构建问题

由于能源价格数据的复杂性,其统计口径、统计方法、统计时间、统计侧重点等方面各国都存在较大的差异,因此导致数据的可获得性难度较大,其科学性、可用性也都存在一定的处理难度。本书将在借鉴已有研究方法的基础上,采用科学的统计方法处理现有的主要能源价格数据,构建能够比较合理地衡量国内外能源相对价格的指标。

(二)能源相对价格对中国高、低能耗行业出口影响机理分析

本书将国内外能源相对价格与高、低能耗行业出口问题结合起来,并纳入一个统一的研究框架,来构建一个一般均衡分析框架去探讨国内外能源相对价格对高、低能耗行业出口的影响机理和路径差异。在这方面,前人目前已有的研究相对有限,因此本书将其作为关键问题去解决。

三、本书研究思路

基于本书的研究内容，归纳出本书研究思路如图 1—2 所示。

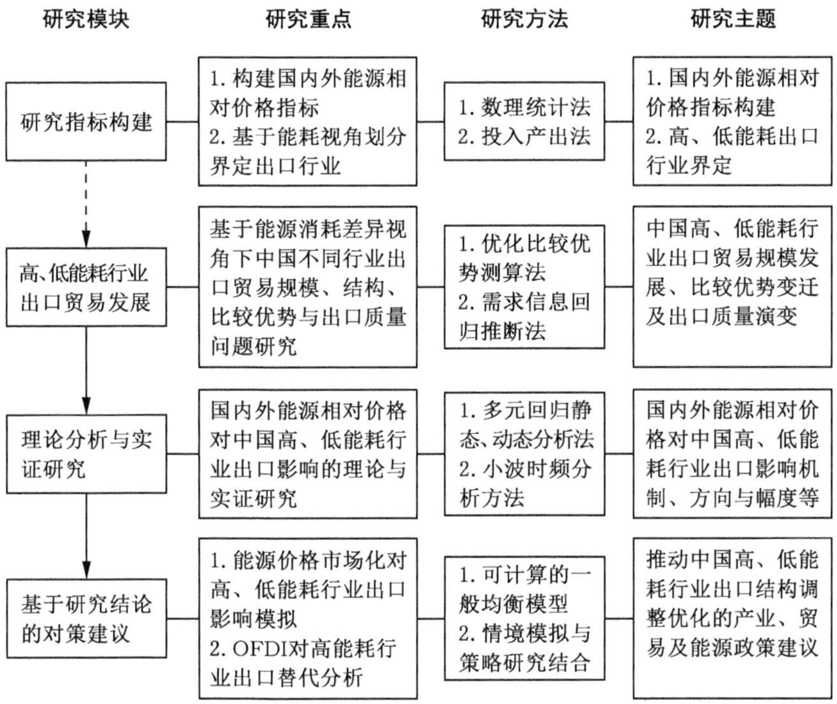

图 1—2　本书研究思路

四、本书的研究方法

（一）数理统计方法

鉴于能源价格指标的复杂性、数据的可获得性、统计的科学性等因素的考虑，需要采取合理的统计方法对已有的数据进行处理，构建国内能源价格统计指标，再选取合理的国际能源价格数据，进一步构建国内外能源相对价格指数。本书通过非竞争型投入产出法测算各出口行业出口能源强度或能源强度情况，据此进行高、低能耗出口行业划分界定，采用优化的比较优势模型方法测算中国对美国的出口比较优势，并进一步分高、低能耗行业进行分析，采用需求信息回归推断法测算中国出口质量的情形及其演变数据。

（二）理论分析方法

本书研究中通过构建一个一般均衡分析框架，将国内外能源相对价格对高、低能耗行业出口影响的技术效应和成本效应等内在机理呈现出来，并探讨其相互之间静态与动态的关系；采用拓展的 H-O 理论框架分析能源要素价格影响一国出口贸易发展的静态与动态情形；构建开放情形下影响一国出口贸易比较优势的因素分析理论框架，探索能源相对价格与一国出口间的理论关联；构建动态分析模型揭示一国能源要素价格影响其出口质量的内在关系。

（三）实证研究方法

本书的实证分析包括验证性分析和情境模拟分析两部分，旨在通过将国内外能源相对价格的统计变量与高、低能耗行业出口指标纳入同一模型进行实证研究与分析。验证性分析主要采取多元回归静态分析、小波时频分析方法和 FGLS 实证检验等。情境模拟分析尝试采用了可计算的一般均衡模型（CGE）方法进行能源价格机制市场化改革的情境模拟，探索其对中国高、低能耗行业出口的影响情况。

第二章　文献综述

鉴于能源价格数据的可得性及数据统计处理上的复杂性等因素的存在，国内外学者把能源价格作为研究变量来探讨的话题一直相对比较少。传统的国际贸易的研究中，多数是从劳动力、资本和技术等要素的视角出发，将能源要素纳入研究框架的也一直相对不多。随着近年来能源问题日益受到世界范围内的高度重视，相关的研究才逐渐增多，国内外关于能源价格与出口贸易之间关系探讨的文献也逐渐增加。本书根据前期学者们的研究思路，将其归纳为以下几个研究重点：(1)能源价格与出口贸易之间相互因果关系的分析；(2)能源价格影响出口贸易发展机理的探索；(3)能源价格影响出口贸易发展的定量分析；(4)从能源价格影响出口贸易结构视角出发的研究。

第一节　能源价格与出口贸易之间相互关系的分析

早期局限于能源价格数据的可获得性和研究工具的水平，将能源价格与出口贸易发展联系起来的研究主要集中在能源价格与出口贸易之间的因果关系分析。拉希(Rasche)和塔托姆(Tatom)(1977)[1]、巴罗(Barro)(1984)[2]、巴尔克(Balke)等(2002)[3]的研究提出了供给冲击理论。该理论将能源价格与出口贸易联系起来，发现能源价格上涨将在改变一国商品的生产成本的同时，改变一国居民的可支配收入水平，从而成为影响一国出口贸易竞争力的原因之一。韩民春和樊琦(2007)[4]对国际原油价格波动与我国工业制成品出口之间的相关关系进行了实证研究,运用出口增长率等经济指标进行相关性分析和格兰杰(Granger)因果检验,分析认为研究期间的国际原油价格波动给中国制造业出口造成了直接影响,世界原油价格上涨与中国制造业出口贸易之间存在单向的格兰杰因果关系,即前者导致了后者的增长放缓,但后者的发展并不是国际原油价格上涨的原因。杨建辉和潘虹(2008)[5]的研究以协整理论和支持向量机理论为基础,利用单整检验、误差修正模型及支持向量回归机等方法,讨论了国际原油价格与中国出口贸易之间的关系,研究发现国际原油价格上涨短期内对中国的出口贸易影响不显著,但长期内会导致出口贸易增长严重受阻,尤其是对交通运输业和以石油作为原材料的制造业的影响最为明显。唐丽和程开明(2010)[6]利用协整检验研究了国际油价与中国出口贸易总额间的关系,发现国际原油价格波动与中国出口贸易总额之间存在较强的相关性,但是不存在直接的协整关系,只有在引入人民币实际汇率这一第三变量后,三者之间才存在一个长期的均衡关系。胡光辉、孟艳莉和张玉柯(2013)[7]采用季度数据对国际原油价格与我国对外贸易的关联性进行了研究,认为国际原油价格与中国出口贸易额之间存在长期均衡关系,国际原油价格对中国出口贸易额因果关系十分明显,且存在对称性。阿比曼尤(Abimanyu)(2016)[8]检验了 2012—2016 年印度尼西亚的油价变动与出口额的相关性,发现两者之间具备正向相关关系。

第二节　能源价格影响出口贸易发展机理的探索

较早的研究主要集中在石油价格如何影响一国的贸易条件这个角度,代表性的有巴科斯和克鲁奇尼(2000)[9]、基姆(Kim)和朗加尼(Loungani)(1992)[10]的研究。他们的研究结论都认为,一国如果属于石油的净进口国家,那么国际石油价格作为外生变量,将通过影响国内企业的生产决策，从而最终影响到这个国家的贸易条件。巴科斯和克鲁奇尼(2000)[9]构建了一个包含出口石油的第三方国家的国际随机增长模型，其研究结论是：在布雷顿森林体系崩溃之后，国际油价通过改变能源成本从而对主要的工业国家的贸易条件都产生了冲击。在一些文献研究能源价格与出口贸易之间的相互关系出现之后，深入研究能源价格影响出口贸易发展的内在机理的学者也逐渐增加，一些学者通过构建理论分析框架探索了二者之间的影响逻辑。国内外代表性的研究包括：(1)法里亚(Faria)等(2009)[11]从油价上涨与中国出口总额扩大这一违背常理的现象出发，将技术进步作为外生变量，认为中国劳动力供给过剩导致了油价上涨时中国出口竞争优势不降反升。(2)杨迎春和岳咬兴(2010)[12]构建了国内外能源相对价格指标，并将其与技术进步和中国的出口贸易规模三者结合起来，纳入了一个一般均衡的分析框架。他们的研究发现，中国能源价格的上涨幅度小于国际能源价格上涨幅度，从而形成了国内能源价格成本优势，并与技术进步一起促进了中国出口贸易规模的快速增长。(3)杭雷鸣等(2011)[13]将能源要素纳入一个 C-D 生产函数，分析了能源价格成本与出口贸易成本之间的理论机理联系。他们的研究认为，能源成本的快速上涨会导致国内出口贸易的利润空间被大大降低，从而不利于中国出口贸易质量的提升。(4)杨迎春和刘江华(2012)[14]从中国能源价格上涨这一现象出发，从生产成本、运输成本等角度分析了其对出口贸易的影响机理。(5)陈宇峰和邵朝对(2013)[15]研究了世界石油价格上涨对我国贸易条件的传导路径。他们的研究认为，世界石油价格冲击下的能源密集型产品的反应轨迹与整体的贸易条件基本相似，国际油价上涨会对非能源密集型产品的贸易条件有所改善。(6)陈丰龙和徐康宁(2014)[16]与杨迎春和刘江华(2012)[14]的研究结论相似，同样认为石油价格上涨主要是通过影响国际贸易过程中的运输成本，从而最终影响全球的贸易流量。(7)刘健和熊燕(2018)[17]基于拓展的比较优势理论研究认为，如果一国实施了使国内能源价格低于国际能源价格的能源政策，能源价格差异带来的价格溢价程度低于贸易伙伴国具有的比较优势程度，则两国贸易结构不会发生变化；只有当能源价格差异带来充分有效的价格溢价，使其生产的比较优势发生逆转，才会改变国际贸易结构，从而有效促进本国的出口。

第三节 能源价格影响出口贸易发展的定量分析

在能源价格影响出口贸易的研究中，近年来关于二者之间相互影响的定量分析也在逐渐增加。布里奇曼(Bridgman)(2008)[18]的研究发现，20 世纪 70 年代和 80 年代的贸易关税与贸易增长关系中，由于石油价格直接影响贸易的运输成本，因此石油价格降低使运输费用降低，长期将有利于全球贸易的增长。国内学者胡宗义、蔡文彬和陈浩(2008)[19]运用 CGE 模型-MCHUGE 模型时，创造性地将能源替代模块和能源强度指标纳入中国的问题研究中，旨在研究能源价格提升对宏观经济变量的影响，结果发现提高能源价格将导致出口下降，并进一步模拟了能源价格提高一定幅度的出口相应下降幅度情况。麦考伊(McCoy)和罗宾(Rubin)(2009)[20]的研究同样认为石油价格的上涨会导致国际贸易的运输费用上涨，从而抑制国际贸易的发展。阿布巴德(Abu-Bader)和阿布卡恩(Abu-Qarn)(2010)[21]通过一系列的结构突变检验研究发现，20 世纪 70 年代的贸易比重改变很大程度上来源于石油价格的冲击。陈(Chen)和徐(Hsu)(2012)[22]在数据上采用国际面板数据进行研究，同样发现石油价格的大幅度波动会使得国际贸易的发展流量显著减少。科尔萨奎因(Korsakienė)等(2014)[23]的研究已经深入经济部门的层面，其主要基于 2000—2011 年的数据系统地分析了立陶宛的能源价格变动对工业部门出口贸易的影响情形，结果发现能源价格的变动对工业部门的出口贸易影响不大。张克菲(2015)[24]采用 2004 年 1 月至 2014 年 8 月间国际石油价格数据，运用 VAR 模型考察了国际石油价格与中国贸易差额和出口额之间的关系，结果显示，在短期内，全样本内正向的国际油价冲击会导致中国贸易差额显著下降，对出口额的增加则有明显的推动作用，且在全样本中国际油价下降序列的冲击形式对中国贸易差额和出口额的影响要大于其他形式的国际油价冲击。佐藤（Sato）和德谢兹莱普雷特（Dechezleprêtre）（2015）[25]的研究视角延伸到国际间非对称的能源价格情况，研究发现这一现象显著影响了一国的进口贸易（相对另一国则为出口贸易），但影响的效应并不显著。孙艳芳（2019）[26]以中国与 16 个主要贸易国 2000—2017 年的面板数据为样本，研究了能源价格比较优势对出口贸易的影响，发现总体上国内能源价格比较优势能显著地促进我国出口贸易增长，其中能源密集型行业受能源价格比较优势的助推作用明显强于非能源密集型行业，同时也高于整体水平。

第四节　从能源价格影响出口贸易结构视角出发的研究

陈刚和余燕春（2008）[27]在定义能源约束量化指标的基础上，建立了能源价格约束对出口贸易结构影响的动态计量模型，结果表明，短期内，能源约束通过直接的价格冲击和间接的生产要素转移带动贸易结构的优化；从长期看，能源约束对出口贸易结构的调整方向具有不确定性。江静和路瑶（2010）[28]基于 ISIC 的分析表明，能源价格的提高对除了炼焦和精炼石油制品以外的其他几乎所有行业的出口竞争力带来负面影响，且影响幅度存在一定的差异，一定程度上冲击了中国出口结构。邵朝对（2012）[29]利用与进出口价格相关联的投入产出模型，计算模拟了国际能源价格冲击对中国贸易结构的传递效应，研究认为能源价格冲击恶化了出口结构，长期而言对我国贸易结构调整起到一定的阻碍作用。这类分析中能源价格还都局限于国内能源价格的影响，基本没有结合国内外能源相对价格波动来思考开放情形下的影响及对策。李晓和侯佳贝

(2015)[30]首先分析了世界石油价格变动影响中国贸易结构的传导机制，并进一步采用面板数据模型进行了实证分析，对中国出口贸易的商品按照 SITC 二位数分类成 63 类出口产品，实证研究国际石油价格对不同类别产品出口的影响。研究结果发现，国际油价上涨会促进我国非能源密集型产品的出口，从能耗视角有利于中国出口贸易结构的改善。熊燕(2018)[31]从国内外能源价格差异化出发，研究了其对中国高、低能耗行业出口比较优势的影响情形，属于目前还比较少的研究能源价格对能耗视角下出口结构影响的文献。

第五节　国内外研究现状的评述

总结上述关于能源价格与出口贸易问题的研究，前期学者们从各个角度的研究都取得了很好的成果，且研究也越来越深入细化。但各类研究角度都存在一定的局限性：第一类的研究中现有的文献多为能源价格与出口贸易发展之间的相互因果关系的分析，分析的层面主要集中在二者之间的宏观关系，很少涉及具体产业的分析，使分析的结论缺乏针对性，对中国未来政策选择的参考价值有限；第二类的研究中现有的文献对能源价格影响出口贸易发展的机理探讨，主要是针对整体出口贸易规模影响的机理角度，还很少有结合不同能耗行业出口差异来思考，能源价格对出口贸易的影响从不同能耗视角的研究更有现实价值；第三类的研究中现有的文献中关于能源价格对出口贸易的影响幅度的分析也尚无基于不同能耗行业视角出发的，更未能集中分析高、低能耗行业出口影响的差异情形；第四类的研究中现有的文献主要集中在封闭情形下，思考国内能源价格对一国出口贸易的影响，极少能结合国内、国际能源价格差异化波动这一现象的存在来思考，使分析结果具有局限性，对相关政策制定的指导价值有限。

本书正是基于以上研究中还存在的未涉及领域和视角，将当前国内外能源价格波动差异的因素纳入影响出口贸易结构调整的分析中，并将出口行业按照高、低能耗加以划分界定，探索国内外能源相对价格影响中国高、低能耗行业出口的机理、方向和幅度差异，并相应地提出对策建议。本书的研究将在合理地对国内外能源相对价格指标进行量化构建后，基于能耗视角对高、低能耗出口行业进行划分界定，建立一个包含国内外能源相对价格变量和高、低能耗行业出口变量的一般均衡模型，来分析国内外能源相对价格对中国不同能耗行业出口影响的内在机理，进一步地利用中国的实际出口贸易数据从多个角度进行实证分析影响的方向与幅度，并结合中国出口贸易结构调整与发展的战略诉求，来阐述在当前国内外能源价格差异化波动背景下如何制定科学合理的产业、贸易和能源政策以协调实现高、低能耗行业出口结构调整优化和节能减排的双重战略目标。

第三章　相关概念界定与研究指标构建

第一节　相关基本概念界定

能源问题纷繁复杂，单从能源的品种上看就包含了煤炭、石油、天然气、电力等各种形态的能源。从经济学科前期对能源问题研究的文献来看，一般为了保证研究的严谨性和科学性，都是选取某类具体的能源品种展开论述和分析，在讨论能源价格时也多是选择煤炭价格、石油价格或电力价格等作为能源价格的替代。从研究的可行性角度而言，这是一种最好的选择，这样处理既解决了数据的可获得性问题，也使分析的结论更具体化，容易提出更有针对性的政策建议。但本书的研究目标决定了对能源和能源价格的概念界定需要具有一定的包容性。

一、“能源”概念的界定

关于“能源”的概念，现有的比较权威的出版物里都进行了详细的界定，主要包括《科学技术百科全书》《大英百科全书》《日本大百科全书》和中国出版的《能源百科全书》等。但是综合不同的概念发现，只要是“能源的源泉”都能归类为能源。能源作为本书的研究对象之一，旨在研究这种生产要素对出口贸易的影响，是属于社会学科的研究范围，所以在界定其概念时，主要的目的在于确保后续研究中对变量的选择和数据的处理时能保持一致性和科学性。因此,本书对能源的概念界定既基于自然科学的表述,又不同于自然科学的原则,后续的研究中所定义的能源主要是指能够直接取得或者通过加工、转换而取得的用于商品生产、流通等各个环节的各种形式的能源,属于广义上的能源概念,不具体指某一能源品种。在具体的后续研究章节中,结合当时的研究需要和数据可获性的考虑,还会进行适当的处理,选取科学的替代变量等,但鉴于社会科学研究的特点,不影响本研究结论的科学性和合理性。

二、"能源价格"概念的界定

本书的研究目标是探索能源要素的价格对出口贸易的影响问题,结合前文对能源概念的定义发现,能源品种十分复杂,这导致能源价格的概念界定更加复杂。更为困难的是,能源问题的复杂性导致能源价格数据的统计和获取非常困难,这也是很多学者在探索能源价格问题的研究中存在的共性问题,多数只能通过选择代表性能源品种价格展开讨论,由此可能会使结果具有一定的偏差。本书对"能源价格"概念的界定要更加宽泛,主要是为了衡量一国能源的一般性价格水平,而不是选取某种能源的价格来"以偏概全"地代替能源价格,后续研究中将尽量进行合理的数据处理,得到一个相对科学的能源指标价格,以衡量能源价格的一般水平。为保证数据口径的一致性,后续论述中涉及的能源价格概念不需要单独考虑能源税费和能源补贴等因素对能源价格的影响,而是将这些因素统一于能源价格概念中,即本书定义的"能源价格"就是旨在衡量商品生产活动中涉及的能源要素的一般性价格水平。

三、"能源相对价格"概念的界定

本研究中所提出的"国内外能源相对价格"概念来源于笔者前期的研究成果,主要是鉴于国内外能源标价口径的差异、能源品种的复杂性以及汇率换算等问题的存在,单纯地进行国内外能源绝对价格比较缺乏科学性和严谨性。笔者基于前期的经验，尝试选取了能够分别衡量国内外能源价格一般水平的指标，然后通过比较二者的变动幅度以衡量国内外不同能源价格机制下的能源相对价格走势。因此，“国内外能源相对价格”指的是分别选取衡量国内能源价格走势的指标和衡量国际能源价格走势的指标，并进一步通过二者的比值、指数变动幅度比值或指数变动幅度之差等形式构建的相对指标，其旨在衡量国内外能源一般价格走势差异。后期的研究中，笔者一直沿用这个研究概念，直接简化表述为“能源相对价格”，并从不同的视角展开分析，后续在涉及具体的研究视角时，鉴于数据可获得性和统计口径一致性的需要，在具体处理数据时略有不同，在能源相对价格构建过程中，既有直接通过绝对价格指数的比值构建，也有通过国内外不同的能源价格指数变动幅度之比构建，还有直接通过价格指数变动幅度之差来衡量，结合不同情况下所研究的目标，上述处理方法都属于合理可接受的范围。

四、高、低能耗行业的界定

在早期国内外学者的相关研究中关于行业的能耗高低的界定相对比较粗糙，一般都是根据直观常识来进行划分，将钢材、造纸、化工等行业归类为高能耗行业，将纺织品等归类为低能耗行业，但是随着学者们开始研究“内涵能源”问题时发现，某个行业的能耗情况涉及的因素很多，包括生产、运输和销售全部过程中的能源消耗，必须考虑进口原材料在生产过程中的占比等问题对能耗的节约是否存在影响，加上由于技术进步的原因，一些传统的高能耗行业可能逐步转变为低能耗行业，所以简单直接地对不同出口行业进行能耗高低划分是不科学的。因此，本书研究中关于高、低能耗行业的界定，通过选取研究的时间段范围内的行业数据，采用非竞争型投入产出法测算出每个行业历年综合内涵能源消耗数据，结合行业出口额或产出数据，计算出每个行业历年平均出口能源强度（单位出口额引致的能耗量）或能源强度（单位产出引致的能耗量），将其按高、低排序，排序靠前的归类为高能耗行业,排序靠后的归类为低能耗行业,从而尽量保证高、低能耗出口行业划分的科学性。

五、"出口质量"概念的界定

一般意义上"商品质量"的概念主要是强调相同商品之间的垂直差异。以鞋子为例,高质量的鞋子比低质量的鞋子更舒适、更美观、更耐用。前期学者将产品质量的内涵总结为产品的耐用性、安全性、兼容性、配套服务等客观性特征和由于口碑、广告、历史等因素形成的品牌信任度、品牌忠实度、品牌社会地位等社会性特征,还包括产品设计的美观度、消费者虚荣心满足程度等使消费者从产品中获得的某种心理和视觉满足感等。经济学视角下的"商品质量"概念可以简单总结为:同等产品数量条件下,所有引起消费者效用水平提升的特征。由此不难得出:相同价格水平的同类商品,质量越高的商品市场占有份额越高。基于这一基础概念,与施炳展、邵文波(2014)[32]的思路一致,本书将"出口质量"概念界定为出口价格相同的同类商品,其给消费者带来的效用水平情况。具体表现为同等价格情形下,出口商品给消费者带来的效用水平越高,则表明其越受消费者欢迎,其市场占有份额越高,即表明该商品出口质量越好。

第二节 能源相对价格指标构建

无论是国内的能源价格还是国际的能源价格,一直都没有一个统一的衡量指标。早期的杨继生(2009)[33]利用国内四类能源品种(石油、煤炭、电力和天然气)的工业品出厂价格指数构建了能源价格指数用于衡量国内能源价格,同时选用布伦特国际原油现货价格和美国原油进口的年均离岸价格来衡量国际能源价格。杨迎春和岳咬兴(2010)[12]直接选用中国的燃料、动力类购进价格指数来衡量国内的能源价格指数,选用了美国能源价格指数来衡量国外能源价格指数。王世进(2013)[34]认为燃料和动力购进价格指数是反映工业企业从物资交易市场和能源、生产企业购买燃料和动力产品时所支付的价格水平变动趋势和程度，较大程度上能够科学地反映我国能源价格变化的水平，所以选择来源于CCER经济金融数据库的燃料和动力购进价格指数来衡量国内能源价格。国际能源价格水平则用来源于IMF数据库中的Primary Commodity Prices国际能源商品价格指数来衡量。何凌云等（2016）[35]在国内能源价格指数上的处理更加深入和细化，考虑到能源消耗主要由生产性因素引发，而生产性因素中工业又占了绝大部分，构建了综合工业品出厂价格作为能源价格的代理变量，兼顾不同能源品种在能源消耗中的占比不同，将煤炭、石油、电力工业品出厂价格按照能源消费结构占比进行了加权平均以得到一个综合的能源价格，最后为了消除通胀因素，还进行了折算。国际能源价格则是综合考虑多方面的因素，选择布伦特国际原油现货价格（美元/桶）作为国际能源价格的替代变量。何永秀等（2012）[36]、张志杰和罗世兴（2013）[37]、雷强和姜殿虹（2014）[38]的研究中都是直接采用具体的能源品种（煤炭、石油和天然气）的价格来分别衡量国内能源价格和国际能源价格，都属于是以某一类具体的能源价格指标来表示，无法衡量出能源价格的一般水平。熊燕（2018）[31]则在前期学者的基础上对国内和国际能源价格指标的构建做了更加深入的工作，在佐藤（Sato）和德谢兹莱普雷特（Dechezleprêtre）（2015）[25]的基础上对中国和其15个主要贸易伙伴国的能源价格按照可变权重、阶段性权重和不变权重构建了能源价格指标，其本质与何凌云等（2016）[35]的工作很相似，但是在考察上更全面，也更细致一些。

由于本书研究中后续对能源相对价格指标的构建既需要满足能衡量国内和国际能源价格一般水平的要求，又要尽量保证与其他涉及的研究指标和研究对象的口径一致性，所以只能结合研究目标的需要和数据处理可行性的诉求，灵活借鉴前期学者们的工作和笔者已有的处理经验来进行。具体的构建方法选择分别如下：

（1）第五章第二节的分析中，为与出口月度数据的口径保持一致，国内能源价格采用中国经济数据库（CEIC）的中国工业生产者购进价格指数（燃料、动力类），国际能源价格采用 IMF 数据库中 Primary Commodity Prices 的国际能源月度价格指数（包括原油、天然气和煤炭价格指数），同时将国内外能源价格都以 2005 年价格为基准年进行价格调整，则有：

$$\text{能源相对价格}=\frac{\text{中国工业生产者购进价格指数（燃料、动力类）}}{\text{国际能源月度价格指数（包括原油、天然气和煤炭价格指数）}}$$

（2）第五章第三节的分析中，数据来源与（1）一致，结合该部分研究中理论推导分析的结论来进行指标构建，并将国内和国际能源价格指数以 1999＝100 为基准进行调整，则有：

$$\text{能源相对价格}=\frac{\text{国际能源月度价格指数（当期）}}{\text{国际能源月度价格指数（上期）}}-\frac{\text{中国工业生产者购进价格指数（当期）}}{\text{中国工业生产者购进价格指数（上期）}}$$

（3）第六章第二节的分析中，由于分析的对象是中国与美国两国间的问题，因此分别采用中国经济数据库的中国工业生产者购进价格指数（燃料、动力类）和美国能源信息署（EIA）的美国工业部门总平均能源价格来分别衡量国内和国际能源价格。同时，由于更多关注动态波动差异的分析，因此用两国当期能源价格较上期价格波动幅度之比来衡量能源相对价格，则有：

$$\text{能源相对价格}=\frac{\text{中国工业生产者购进价格指数（当期）}-\text{中国工业生产者购进价格指数（上期）}}{\text{美国工业部门总平均能源价格（当期）}-\text{美国工业部门总平均能源价格（上期）}}$$

“能源相对价格”作为本书研究内容中的一个核心变量，国内和国外能源价格衡量指标的选择、数据的来源及统计的口径等都会对最终指标的构建的科学性产生影响。从本书研究的目标角度而言，能源相对价格指标则主要为衡量国内外的能源价格走势差异，上述的指标构建都符合这一要求，结合具体研究内容，都能够保证实证研究结果的可靠性。

第三节　中国高、低能耗出口行业划分——基于 WIOD 2000—2014 年投入产出数据的测算

自中国加入 WTO 以来，中国在国际贸易领域取得了长足的进步，出口贸易总额与日俱增，逐步发展成为名副其实的贸易大国，与此同时，由于出口贸易的发展引致的能源消耗量也随之快速增加。迫于能源消耗问题的日益凸显，“十二五”阶段中国已经致力于维持出口贸易稳定发展的同时，努力实现节能减排。中国政府在“十三五”阶段的政策导向依然是通过保障出口规模的前提下调整不同能耗行业的出口结构，以期同时实现贸易发展与节能减排双重战略目标。本节研究目的在于划分出高、低能耗出口行业。

一、文献综述

近年来，中国对外贸易额不断增长，因出口贸易引致的内涵能源消耗也在逐年增加。所谓“内涵能源”，是指产品上游加工、制造、运输等全过程所消耗的总能源，不包括产品本身和下游使用中消耗的能源，由出口贸易引致的能源消耗就属于这类能源。中国是内涵能源的净出口大国，围绕这一问题，国内外学者近年来相关的研究也逐渐多起来。关于出口贸易引致能源消耗总量的测算，代表性的文献有：(1)陈迎、潘家华和谢来辉(2008)[39]就中国外贸进出口产品的内涵能源问题，基于投入产出表的能源分析方法，通过定量数据对 2002—2006 年中国外贸的内涵能源进行了深入研究；(2)谢建国和姜珮珊(2014)[40]进行了 1995 年、2000 年、2005 年中国外贸的内涵能源的研究。对不同出口行业引致的能耗情况进行全面整体分析的文献也有不少，代表性的有：(1)沈利生(2007)[41]利用投入产出模型测算了 2002—2005 年中国进出口货物对能源消费的影响，结果表明我国对外贸易在能源消耗方面对整体经济是正影响，进口产品省能

多于出口产品耗能，但这种正影响正逐年减小，外贸质量在下降；(2)李坤望和孙玮(2008)[42]通过编制混合型能源投入产出表，测算了我国进出口贸易中的能源含量；(3)李可爱等(2014)[43]利用投入产出法和两级分解法对 1998—2009 年我国工业部门贸易结构变化的能耗效应进行了分析，结果表明以 2007 年我国推进出口节能政策为分界点，贸易结构正由过去的不利于能源节约向有利于节能降耗的方向转变。

上述文献的研究存在几个局限：(1)研究视角上，部分研究侧重对出口贸易引致的出口能源消耗总量的测算，缺乏从不同能耗类型行业的差异视角下对出口贸易引致的能耗情况的全面分析；(2)部分学者虽然从出口行业引致能源消耗的角度进行了测算和分析，但是从动态的角度探讨出口贸易与能源消耗之间关系的相对不足；(3)近年来的相关研究对前人的研究有了进一步的深入拓展，但局限于中国投入产出表的数据来源，多数研究的时效性和分析框架的连续一致性都存在很大的不足。现有文献中投入产出数据的一般数据来源为《中国国家统计年鉴》发布的中国国家投入产出表，该表仅逢尾数 2 和 7 的年份编制，数据连续性不强，且更新不及时；而本书研究中选择的数据库是欧盟开发的世界投入产出数据库(WIOD)，该数据库在 2016 年更新后包含了自 2000 年至 2014 年连续每年的世界主要国家的投入产出数据，具有很好的连续性，且保证了信息的时效性和研究的一致性，使分析结果更加系统和科学。基于已有研究现状，本研究做出了以下创新：采用非竞争型投入产出法，数据来源为 2016 年的世界投入产出数据库，包含了自 2000 年至 2014 年世界主要国家的连续投入产出数据。依据测算结果，分析各行业出口引致能耗变化，并将出口贸易行业划分为高、低能耗行业。

二、出口贸易引致能源消耗的测算方法

本书基于非竞争型投入产出法对中国出口贸易引致的能源消耗展开研究，设中国的行业种类数为 N，E 是一个 $N\times1$ 矩阵，它的元素是各行

业的出口额；A 是一个 $N \times N$ 矩阵，它的元素表示生产单位产品 j 需要投入的产品 i；G 是一个 $1 \times N$ 矩阵，它的元素表示 1 单位各行业产出直接消耗的标煤量，即各行业的直接能耗系数。本国出口产品完全由投入的国内中间品生产，则本国因出口引致的能源消耗总量 g 是：

$$g = G \times (I - A)^{-1} \times E \tag{3-1}$$

式中，$(I-A)^{-1}=B$ 是列昂惕夫逆矩阵，即中间投入产出矩阵。

同时，各行业出口引致的能源消耗量(g^t)可由以下公式计算，式中的 # 表示两矩阵对应元素直接相乘：

$$g^t = [G \times (I - A)^{-1}]^T \# E \tag{3-2}$$

以上为总量层面的计算。在计算某一行业 k 单位出口产生的能源消耗(行业出口能源强度)时，设 k 行业的出口引致能源消耗量为 g_k^t，其出口额为 e_k，则该行业每单位出口产生的能源消耗，即该行业出口能源强度(EE_k)为：

$$EE_k = g_k^t / e_k \tag{3-3}$$

三、数据来源及处理

各产业能源消耗数据来自 2000—2014 年历年《中国统计年鉴》综合能源平衡表，取能源消费总量(万吨标准煤)一栏，共 63 个行业，为便于分析，将其合并为 14 个行业。2016 年发布的最新 WIOD 数据库中涵盖了 56 个行业的出口数据。在研究过程中使用到的投入产出表也来自 WIOD 数据库。通过该表与能源平衡表及工业分行业终端能源消费量表对比分析，按行业产品用途、耗能模式相近原则，将所有部门(行业)归类，最终得到与出口相关的 14 个行业类别，分别是：[1]农林牧渔业；[2]采矿采石业；[3]食品和烟草制造业；[4]纺织和服饰制造业；[5]木材加工及制造业；[6]造纸印刷和出版业；[7]焦炭和精炼石油制品制造业；[8]化学工业；[9]非金属矿物制品业；[10]金属原料和合金制品制造业(机械设备除外)；[11]通信设备、计算机及其他电子设备制造业；[12]机械设备维护修理安装业；

[13]交通运输设备制造业；[14]电力、燃气、蒸汽和热力供应业。后文为行文方便将以行业代码表示行业类别。合并前后对比见表 3－1。[①]

表 3－1　《中国统计年鉴》63 个部门与 WIOD 56 个部门合并为 14 个部门对照表

行业代码	行业名称（合并后）	行业名称（《中国统计年鉴》合并前）	行业名称（WIOD 世界投入产出表合并前）
[1]	农林牧渔业	农林牧渔业	农作物和畜牧、狩猎相关产业 林业和伐木搬运业 渔业和水产养殖业
[2]	采矿采石业	采掘业 煤炭开采和洗选业 石油和天然气开采业 黑色金属矿采选业 有色金属矿采选业 非金属矿采选业 开采辅助活动 其他采矿业	采矿采石业
[3]	食品和烟草制造业	农副食品加工业 食品制造业 酒、饮料和精制茶制造业 烟草制品业	食品饮料和烟草制造业
[4]	纺织和服饰制造业	纺织业 纺织服装、服饰业 皮革、毛皮、羽毛及其制品和制鞋业	纺织和服饰制造业
[5]	木材加工及制造业	木材加工和木、竹、藤、棕、草制品业 家具制造业	木材加工及秸秆编织品制造业（家具除外） 家具制造业及其他制造业

① 本书研究中将 WIOD 数据库中的 56 个部门及《中国统计年鉴》的 63 个部门皆合并为相同的 14 个部门，在此过程中可能会使数据有少量偏差，使最终结果出现一定的误差，但本书的研究目的并不在于精确计算能耗量多少，而是为了比较相对程度，因此可以认为该误差对结论分析不会产生根本的影响。

续表

行业代码	行业名称（合并后）	行业名称（《中国统计年鉴》合并前）	行业名称（WIOD 世界投入产出表合并前）
[6]	造纸印刷和出版业	造纸和纸制品业 印刷和记录媒介复制业 文教、工美、体育和娱乐用品制造业	造纸和纸制品业 印刷和记录媒介的复制业 出版业
[7]	焦炭和精炼石油制品制造业	焦炭和精炼石油制品制造业	焦炭和精炼石油制品制造业
[8]	化学工业	化学原料和化学制品制造业 医药制造业 化学纤维制造业 橡胶和塑料制品业	化学原料和化学制品制造业 基础医药和医药配制剂制造业 橡胶和塑料制品制造业
[9]	非金属矿物制品业	非金属矿物制品业	非金属矿物制品业
[10]	金属原料和合金制品制造业（机械设备除外）	黑色金属冶炼和压延加工业 有色金属冶炼和压延加工业 金属制品业 通用设备制造业 专用设备制造业	金属原料制造业 合金产品制造业（机械设备除外）
[11]	通信设备、计算机及其他电子设备制造业	计算机、通信和其他电子设备制造业 仪器仪表制造业 其他制造业	计算机、电子设备、智能产品制造业 电子零配件制造业
[12]	机械设备维护修理安装业	电气机械和器材制造业 机械设备维护修理安装业	机械设备制造业 机械设备修理安装业
[13]	交通运输设备制造业	汽车制造业 铁路、船舶、航空航天和其他运输设备制造业	汽车、拖车、半拖挂车制造业 其他交通运输设备制造业
[14]	电力、燃气、蒸汽和热力供应业	电力、煤气及水生产和供应业 电力、热力生产和供应业 燃气生产和供应业	电力、燃气、蒸汽和热力供应业

四、测算结果及中国出口高、低能耗出口行业划分

在研究的 2000—2014 年间，中国出口贸易引致的能源消耗总量变化整体趋势如图 3－1 所示。

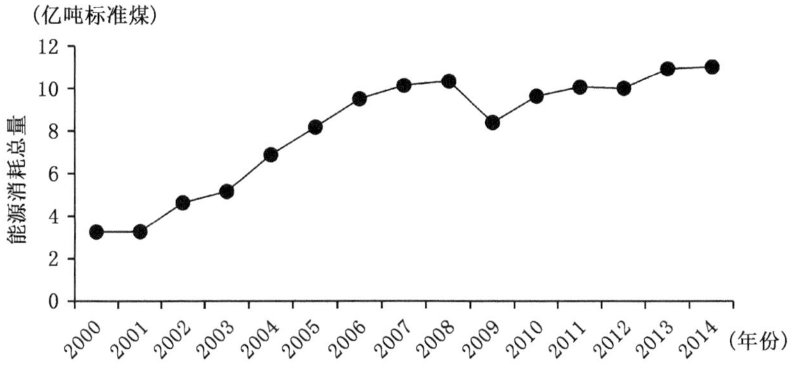

数据来源：根据作者测算所得，原始数据见本书附录二。

图 3—1　中国出口贸易规模变化引致的能源消耗总量变化趋势

由于 2002 年中国加入世界贸易组织，出口贸易规模迅速增长，2002—2008 年，由出口贸易引致的能源消耗总量也相应地持续增加。2009 年，国际金融危机导致中国的出口贸易骤减，能源消耗总量也随之下降，降幅较前期高达 18.7％。随后出口贸易规模回升，出口引致的能源消耗量平稳增加。

进一步根据公式(3－3)测算 2000—2014 年中国 14 个行业的出口能源强度，结果如图 3－2 所示，图中各行业出现顺序按行业出口能源强度从大到小排列。从图 3－2 可以发现，中国各行业出口能源强度总体呈下降趋势，但是各行业整体排名相对高低基本保持不变。

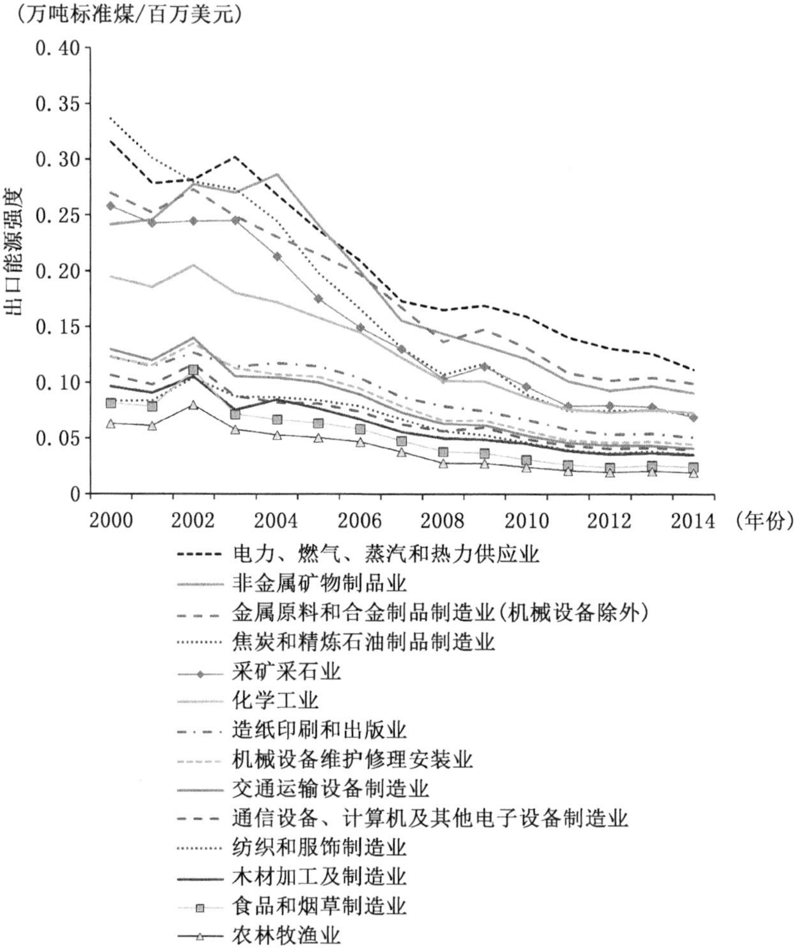

数据来源：根据 WIOD 数据库与历年《中国统计年鉴》的数据计算而得，原始数据见本书附录三。

图 3—2　2000—2014 年各行业出口能源强度

为后续研究的需要，按 2000—2014 年间各行业历年平均出口能源强度高低进行排序，行业年平均出口能源强度处于前 1/2 的归类为高耗能行业（即行业[14][9][10][7][2][8][6]），主要包括电力、燃气、蒸汽和热力供应业，非金属矿物制品业，金属原料和合金制品制造业（机械设备除外）,焦炭和精炼石油制品制造业,采矿采石业,化学工业,造纸印刷和出版业;行业年平均出口能源强度处于后 1/2 的归类为低耗能行业（即行业[12][13][11][4][5][3][1]）,主要包括机械设备维护修理安装业,交通运输设备制造业,通信设备、计算机及其他电子设备制造业,纺织和服饰制造业,木材加工及制造业,食品和烟草制造业,农林牧渔业。

第四章　中国高、低能耗行业出口贸易发展研究

关于中国出口贸易发展问题的分析，前期学者们从各个角度都已经分别展开过研究，在此不再赘述。基于本书研究是从不同能耗行业出口视角来展开，所以下文将分别从高、低能耗行业出口贸易发展规模变化，中国相对于美国在高、低能耗行业上的出口竞争力变迁，以及中国高、低能耗行业的出口质量演变三个方面进行深入分析。

第一节　中国高、低能耗行业出口规模发展分析

第三章对中国不同出口行业的能源消耗进行了测算，并对高、低能耗行业进行了划分。在此基础上，本节首先对各行业出口贸易发展规模情况进行统计分析，然后对高、低能耗行业出口规模变动进行比较，并进一步对出口结构在引致能耗中的作用进行研究，最后探索出口结构因素在中国出口引致能源消耗增长中的影响。

一、中国各行业出口贸易规模发展整体分析

根据前文的行业重新调整划分，按照 14 个行业分类整理出 2000—2016 年中国各行业出口贸易规模发展情况，如表 4—1 所示。

表4—1　　14个出口行业2000—2016年出口额　　单位：百万美元

行业代码	2000—2004年	2005—2009年	2010—2014年	2014—2016年
[1]	78 731.04	149 999.6	263 694.9	119 802.9
[2]	1 341.753	4 490.405	2 816.62	671.285
[3]	4 838.017	6 965.349	12 265.08	6 782.001
[4]	341 935.9	782 958.8	1 292 088	549 031.5
[5]	51 137.39	162 567.2	314 725.2	141 750.8
[6]	9 378.111	30 322.17	67 230.9	35 879.65
[7]	46 060.03	99 731.76	141 746.2	47 752.64
[8]	86 860.07	282 202.6	510 896.8	185 426.6
[9]	33 702.61	97 133.49	204 522.3	99 295.53
[10]	91 238.59	285 490.3	468 149.3	213 739.1
[11]	417 066.1	1 420 702	2 249 931	927 549.1
[12]	280 418.4	982 191	2 003 917	924 045.9
[13]	63 606.63	247 514.2	504 717.5	196 766.3
[14]	4 221.532	7 422.2	16 236.57	6 652.361

数据来源：CEIC中国经济数据库。

进一步按照高、低能耗行业统计整理2000—2016年的出口额数据，如表4—2所示。

表4—2　　高、低能耗行业2000—2016年出口额　　单位：百万美元

行业	2000—2004年	2005—2009年	2010—2014年	2014—2016年
高能耗行业	272 802.7	806 792.9	1 411 599	589 417.1
低能耗行业	1 237 733	3 752 898	6 641 338	2 865 728

数据来源：根据作者整理所得，原始数据见本书附录四。

不难看出，近年来中国出口贸易整体规模呈现增长趋势，但从划分后的高、低能耗行业出口规模的增长速度来看，2000—2009年之间，高能耗行业出口规模增长速度略高于低能耗行业出口规模增长速度，但在

2010—2016 年间，高能耗行业的出口规模增长速度明显低于低能耗行业的出口规模增长速度。这一现象背后的经济原因是什么？它与能源相对价格之间存在什么样的关系？本书将在后面的章节展开分析。

二、出口结构因素在出口贸易引致能耗增长中的影响分析

（一）出口贸易引致能源消耗的影响因素分解

出口贸易引致能源消耗的因素很多，如地理因素、交通因素、贸易品种类因素、贸易规模因素等。其中，贸易规模因素、贸易结构因素和行业生产技术水平因素占据了主导地位，现定义它们带来的影响分别为规模效应、结构效应和技术效应。出口贸易内涵能源可进行如下恒等变形：

$$g = \sum_i g_i^t = \sum_i E\frac{E_i}{E}T_i = \sum_i ES_iT_i \tag{4-1}$$

式中，g、g_i^t 分别为整体及 i 部门出口内涵能源量，E 为总出口额，E_i 为 i 部门出口额，S_i 为 i 部门出口额占总出口额比重，T_i 为 i 部门产品生产过程中完全能耗系数，体现的是 i 部门的技术水平。利用 Ang (2005)[44]研究中的对数平均迪氏分解法（Logarithmic Mean Divisia Index，LMDI）对其进行加法模式分解：

$$\Delta g_{tot} = g^Q - g^P = \Delta g_{scl}^C + \Delta g_{com}^C + \Delta g_{int}^C \tag{4-2}$$

等式右边 3 项分别代表出口贸易引致能源消耗的规模效应 Δg_{scl}^C、结构效应 Δg_{com}^C 和技术效应 Δg_{int}^C：

$$\Delta g_{scl}^C = \sum_i \frac{g_i^Q - g_i^P}{\ln g_i^Q - \ln g_i^P}\ln\frac{E^Q}{E^P} \tag{4-3a}$$

$$\Delta g_{com}^C = \sum_i \frac{g_i^Q - g_i^P}{\ln g_i^Q - \ln g_i^P}\ln\frac{S_i^Q}{S_i^P} \tag{4-3b}$$

$$\Delta g_{int}^C = \sum_i \frac{g_i^Q - g_i^P}{\ln g_i^Q - \ln g_i^P}\ln\frac{T_i^Q}{T_i^P} \tag{4-3c}$$

其中，设定 P、Q 分别代表基期和终期。根据以每 5 年为一个周期，将研究时间区间划分为 2000—2004 年、2005—2009 年、2010—2014 年

共3段。

(二)结果分析

为研究出口结构因素在出口引致能源消耗增长中的影响，本节采用LMDI分解法，结果如表4—3所示。

表4—3　　出口引致能源消耗增长的因素分解　　单位：亿吨标准煤

	2000—2004年			2005—2009年			2010—2014年		
行业类型	规模效应	结构效应	技术效应	规模效应	结构效应	技术效应	规模效应	结构效应	技术效应
整体出口	4.36	0.09	−0.20	3.68	−0.22	−3.66	1.89	0.10	−1.34

数据来源：根据作者测算所得。

从规模效应看，规模效应为正表示出口规模促进了行业能耗的增加，规模效应为负表示出口规模抑制了行业能耗的增加。从结构效应看，结构效应为正表示出口行业结构促进了能耗的增加，结构效应为负表示出口行业结构抑制了能耗的增加。从技术效应看，技术效应为正表示现行的生产技术促进了能源利用率的提高，技术效应为负表示现行的生产技术抑制了能源利用率的提高。以上三种效应的数字绝对值越大，均表示促进或抑制作用越强。不难看出，出口结构因素在中国出口贸易引致能源消耗中起到了一定的促进作用，即出口结构在2000—2004年间和2010—2014年间都为正，对整体的能耗增加有一定的推动作用，因此需要进一步研究如何优化出口结构，尤其是调整高、低能耗行业出口规模比例，这将有利于中国整体出口贸易引致能耗的改善。

三、研究总结

本节通过对2000—2014年中国高、低能耗行业出口贸易规模发展的全面分析，得出以下结论：2000—2014年，中国各行业出口贸易规模均呈现较为显著的增长，划分高、低能耗行业后亦可得到相同结论，2000—2009年高能耗行业出口规模增长速度略高于低能耗行业出口规模增长速度,但2010—2016年高能耗行业的出口规模增长速度明显低于低能耗行业的出口规模增长速度。这与该时期国家重视“节能减排”战略有很大关系,由于国家调整出口结构,一定程度上抑制了高能耗行业出口规模增长,而低能耗行业的出口规模增长较为平稳,占整体出口贸易比重呈现了一定的上升态势,出口结构逐步优化。因素分析的结果显示,出口结构因素在2000—2004年和2010—2014年都对出口贸易引致能耗的增加起到了一定的促进作用,表明通过调整高、低能耗出口结构来抑制出口贸易引致能源消耗增加是非常必要的。

第二节 中国对美高、低能耗行业出口竞争力分析——基于优化的比较优势模型

自20世纪80年代以来,随着中国改革开放的不断深入,中国出口贸易快速发展,尤其在加入WTO后,中国的出口贸易额逐步跃居世界前列,这对中国经济建设起到了巨大的推动作用。然而近年来,全球经济增长低迷、新兴经济体发展速度放缓甚至回落,中国出口贸易从2006年起占国内GDP的比重也有所回落,出口面临着较严峻的考验。与此同时,中国面临的能源短缺问题却日益突出,而中国的出口贸易优势行业恰恰集中在高能耗行业领域,一些行业更是以不计后果的资源消耗和环境破坏为代价实现了自身出口贸易的增长。为了兼顾中国能源消费总量控制与出口贸易可持续发展的双重目标,成功实现《中国制造2025》成为一条可行的路径。在《中国制造2025》计划中提到,中国力争用十年时间迈入制造业强国,实现重点行业单位工业增加值能耗、物耗及污染物排放达到世界先进水平。为成功实现《中国制造2025》,打造中国成为制造业强国,以美国为参照物,研究当前中国高、低能耗行业出口竞争力水平显得至关重要。对当前中国高、低能耗行业出口竞争力的清醒认识,有利于为中国制定制造业升级政策、行业出口结构优化政策及能源政策提供参考。

一、文献综述

在国际贸易行业竞争力研究领域，巴拉萨(Balassa)(1965)[45]曾将行业竞争力与比较优势理论相结合进行了分析，通过对行业出口额的统计计算，构建了基于比较优势模型的传统行业竞争力指数 RCA_{ir}，它可测算一国特定行业的行业竞争力水平。RCA_{ir} 通常被称为显性比较优势指数，当 $RCA_{ir}>1$ 时，表明 r 国家 i 行业生产力具有比较优势；反之，当 $RCA_{ir}<1$ 时，表明 r 国家 i 行业生产力具有比较劣势。基于比较优势模型的传统行业生产力指数一度得到了较为广泛的推广及认同，但沃尔拉特(Vollrath)(1991)[46]等相继指出其存在的缺陷不可忽视：该理论是假设某一商品全部在某一国家独立生产完成，并以国界为界线进行单次的直接出口，因此传统的行业竞争力指数 RCA_{ir} 计算仅考虑了各国的出口总额，而在全球化背景下，国际分工已经成为社会生产的普遍现象，这种情况会使某一商品多次进出国界，产生贸易的重复计算，单纯使用出口总额衡量一国的出口贸易额是不准确的，易形成统计假象。为解决这一问题，约翰逊(Johnson)和诺格拉(Noguera)(2012)[47]提出出口增加值概念，且这一概念在王(Wang)等(2013)[48]、库普曼(Koopman)等(2014)[49]、拓晓瑞和左连村等(2015)[50]的研究中得到了进一步的论证和应用，普遍认为使用前向的出口增加值能更好地衡量一国的出口贸易水平。张禹和严兵(2016)[51]曾对传统的 RCA_{ir} 指数模型进行了改进，构建了基于比较优势模型的新行业国际竞争力指数，即 NRCA 指数，并对中国 1995—2011 年 35 个行业进行了竞争力计算，将计算结果与世界水平进行比较后发现结果较为合理，更加确定了以出口增加值替代出口总额来衡量出口贸易水平的科学性。

关于中国出口竞争力问题的研究已经是一个比较成熟的话题，很多学者从不同的视角进行了全面的讨论。例如，江静和路遥(2010)[28]研究指出，由于工资水平的提高及原材料、能源价格的上涨，越来越多的发展中国家正参与进国际分工，使我国加工贸易的出口竞争力受到挑战。从行业类型角度来看，中国出口贸易取得的成果中劳动密集型行业贡献了绝大部分份额，而资本技术密集型行业贡献的份额相对较低。又如，金碚、李鹏飞和廖建辉(2013)[52]及周大鹏等(2014)[53]学者的研究表明，由于一个行业的生产力水平直接反映了其行业竞争力，结合出口行业现有的竞争力情况来讨论出口贸易结构将更加科学合理，因此要实现中国出口贸易结构的成功转型，便必须对现行结构下的行业竞争力水平有清晰的认识。

总而言之，现有研究较多集中在将中国竞争力水平与世界平均竞争力水平进行对比，这意味着其中包含的比较对象不仅有竞争力水平强大的发达国家，还有竞争力水平落后的发展中国家。在当今经济全球化背景下，美国作为发达国家的代表，中国作为世界上最大的发展中国家，与美国的竞争力水平对比更能使中国发现自身在出口贸易中的不足，明确自身未来发展的方向。本节的研究旨在解答如下几个问题：在现行贸易结构下，中国对美国主要行业出口竞争力现状如何？依据行业能耗水平高低的划分标准，考察中国对美国高、低能耗行业各自竞争力水平处于什么样的情形？通过收集整理 WIOD 数据库 2016 年发布的 2000—2014 年连续时序投入产出数据，计算了 2000—2014 年间中国和美国 14 个行业前向的出口增加值，将计算结果进行固定效应回归，然后采用优化的比较优势模型，估算得到中国对美国在 2000—2014 年间的行业出口竞争力，并在此基础上进一步分析了中国对美国高能耗行业和低能耗行业各自在此期间的出口竞争力情形。通过对中国对美国行业出口竞争力现状的测算及比较，可明确中国高、低能耗行业出口贸易与美国的竞争力差距。

二、模型与数据来源

(一)模型设定

1. 前向出口增加值计算原理

前向出口增加值计算方法在库普曼(Koopman)(2014)[49]等的研究中解释如下:假定一个仅包含两个国家的世界(为便于理解,下文使用 s 代表出口国,r 代表进口国),根据投入产出分析法,一国的总产出将以本国及海外的中间产品和最终产品产出的形式得到消耗,因此有如下关系:

$$\begin{bmatrix} X^s \\ X^r \end{bmatrix} = \begin{bmatrix} A^{ss} & A^{sr} \\ A^{rs} & A^{rr} \end{bmatrix} \begin{bmatrix} X^s \\ X^r \end{bmatrix} + \begin{bmatrix} Y^{ss}+Y^{sr} \\ Y^{rs}+Y^{rr} \end{bmatrix} \tag{4—4}$$

整理得:

$$\begin{bmatrix} X^s \\ X^r \end{bmatrix} = \begin{bmatrix} I-A^{ss} & -A^{sr} \\ -A^{rs} & I-A^{rr} \end{bmatrix}^{-1} \begin{bmatrix} Y^{ss}+Y^{sr} \\ Y^{rs}+Y^{rr} \end{bmatrix} = \begin{bmatrix} B^{ss} & B^{sr} \\ B^{rs} & B^{rr} \end{bmatrix} \begin{bmatrix} Y^s \\ Y^r \end{bmatrix} \tag{4—5}$$

其中,A 为由投入产出表计算得出的中间投入系数,$(I-A)^{-1}$ 为列昂惕夫逆矩阵,X 代表产出额,Y 代表投入额,为便于理解,将列昂惕夫逆矩阵的各元素简化为 B。每当 s 国产生 1 单位的出口,就产生第一轮的价值增加,即由出口所直接引致的国内价值增加,此时的产品消耗量即为中间投入量;而这些中间投入量也将产生价值增加,此为第二轮价值增加,即由出口所间接引致的国内价值增加。在最贴近现实的国际贸易中,上述过程是一个持续不断的过程,因此国内总价值增加可视作直接出口引致的价值增加与每一轮间接出口价值增加的和:

$$\begin{aligned} DV^s &= V+VA+VAA+VAAA+\cdots \\ &= V(I+A+A^2+A^3+\cdots) \\ &= V(I-A)^{-1} \\ &= VB \end{aligned} \tag{4—6}$$

式中,D 表示国内,V^s 为直接价值增加系数行向量,其每一个元素对应为国内直接价值增加占国家总产出的比例,即:

$$V^s = u[I - A^{ss} - A^{rs}] \tag{4-7}$$

式中，u 为单位行向量，A^{ss} 代表 s 国用于 s 国国内生产的投入量，A^{rs} 代表 r 国用于 s 国国内生产的投入量。

在此基础上，可计算前向的出口增加值为：

$$VAX\_F^{sr} = V^s \# [B^{ss}Y^{sr} + B^{sr}Y^{rr}] \tag{4-8}$$

式中，VAX_F^{sr} 表示前向的出口增加值，符号 # 表示矩阵计算中的对应位数直接相乘。为便于理解，表 4—4 列举了两国之间只有两个行业参与贸易时的情形。

表 4—4　　两国间贸易投入产出关系表

国家	行业	中间使用				最终消费		总产出
		s		r				
		s_1	s_2	r_1	r_2	Y^s	Y^r	
s	s_1	z_{11}^{ss}	z_{12}^{ss}	z_{11}^{sr}	z_{12}^{sr}	y_1^{ss}	y_1^{sr}	x_1^s
	s_2	z_{21}^{ss}	z_{22}^{ss}	z_{21}^{sr}	z_{22}^{sr}	y_2^{ss}	y_2^{sr}	x_2^s
r	r_1	z_{11}^{rs}	z_{12}^{rs}	z_{11}^{rr}	z_{12}^{rr}	y_1^{rs}	y_1^{rr}	x_1^r
	r_2	z_{21}^{rs}	z_{22}^{rs}	z_{21}^{rr}	z_{22}^{rr}	y_2^{rs}	y_2^{rr}	x_2^r
直接价值增加		va_1^s	va_2^s	va_1^r	va_2^r	—		
总投入		x_1^s	x_2^s	x_1^r	x_2^r	—		

注：表中 z_{11}^{ss} 代表 s 国行业 1 在生产过程中对 s 国行业 1 投入的中间使用量，z_{12}^{sr} 代表 s 国行业 1 在生产过程中对 r 国行业 2 投入的中间使用量，y_1^{sr} 代表 s 国行业 1 在生产中消耗的 r 国投入总量，va_1^s 表示 s 国行业 1 的直接价值增加。其余以此类推。

2. 新行业出口竞争力指数计算原理

本书借鉴张禹和严兵(2016)[51]的模型，并将该模型进行了一定的优化。首先，定义 z_{si} 为 s 国 i 行业的生产率，该指标为包含了 s 国 i 行业多种因素在内的综合生产水平，该指标越高，表示该国此行业的竞争力越强。在全球化分工的背景下，各国间出口贸易流不只是单纯的海关进出口统计量。为最大限度地消除这一缺陷的影响，选择各国间前向的出口增加值代替出口总额。对于平衡面板，有如下估计结果：

$$\ln(VAX\_F_{sr}) = \delta_{sr} + \delta_{ri} + \theta\ln(z_{si}) + \varepsilon_{sri} \tag{4-9}$$

式中，δ_{sr} 表示进出口国间的固定效应，其来源为 WIOD 数据库中国家间出口额；δ_{ri} 表示 r 进口国 i 行业的固定效应，其来源为 WIOD 数据库中进口国行业消费额；$\theta\ln(z_{si})$ 为 s 出口国 i 行业的固定效应，其来源为出口国行业生产数据；θ 为反映行业间生产率的离散程度系数，根据科斯蒂诺(Costinot)等(2012)[54]的研究，估计取值为 $\theta=6.53$；ε_{sri} 为余项。基于此种数量关系，本书将收集自 WIOD 数据库的数据整理分类后，借助计量软件进行固定效应回归，由固定效应回归系数可估算得各年份的 s 出口国 i 行业的固定效应即 $\theta\ln(z_{si})$，进一步通过 $z_{si}=e^{\delta_{si}/\theta}$ 可计算得 s 出口国各年份的 i 行业生产率，其中 e 为自然常数。进行完上述计算，得出各年份前向出口增加值并使用计量分析软件 Eviews 进行固定效应回归，进而估算出一国各行业的生产率后，借助比较优势模型进行下列计算：

$$\text{NRCA}=\left(\frac{z_{si}}{z_s}\right)\Big/\left(\frac{z_{ri}}{z_r}\right) \tag{4-10}$$

式中，z_{si} 为 s 国 i 行业生产率，z_s 为 s 国所有行业的平均生产率，二者相除可反映 s 国 i 行业在本国处于何种竞争水平；z_{ri} 为 r 国的 i 行业生产率，z_r 为 r 国所有行业的平均生产率，二者相除可反映 r 国 i 行业在本国处于何种竞争水平；NRCA 为新行业出口竞争力指数，即 NRCA 指数，它可以反映两国的行业出口竞争力水平对比情况，若 NRCA 指数大于 1，认为该行业具有出口比较优势，且此时 NRCA 指数越大，比较优势越大；若小于 1，则认为该行业具有出口比较劣势，且此时 NRCA 指数越小，比较劣势越大。

在本节研究中，NRCA 计算公式的分子为中国 i 行业生产率比中国所有行业的平均生产率，分母为美国 i 行业生产率比美国所有行业的平均生产率，以此计算可得中国 i 行业相较于美国同行业的出口竞争力水平，以此判断中国该行业是否具有出口比较优势。

(二)数据来源与说明

计算过程中使用到的反映投入产出关系的数据来自 WIOD 数据库，

本研究采用了 2000—2014 年的最新连续时序数据。由于部分服务业的出口考量较为困难,加之数据的不完整,影响结果的准确性,因此只选取 WIOD 数据库所包含的 56 个行业部门中的 25 个行业,为简化计算,将这 25 个行业按行业相关性合并为 14 个行业,具体划分方法与口径与第三章第三节一致。

三、实证结果分析

(一)中美两国前向出口增加值变动

根据前文的方法,通过计算可以得出中国 2000—2014 年共 14 个行业基于比较优势模型的新行业出口竞争力指数。由于中美两国贸易伙伴众多,因此为了计算方便,书中分析中国各行业相较于美国的竞争力情况时,仅选取中美各自主要出口伙伴作为分析样本国家(中国主要贸易伙伴国为美国、德国和日本,美国主要贸易伙伴国为加拿大、墨西哥和中国)。

根据 WIOD 数据库中的相关数据,依照前文的计算方法,计算得出中美两国 2000—2014 年向出口目标样本国家出口而产生的前向出口增加值并将之进行对比,如图 4—1 所示。

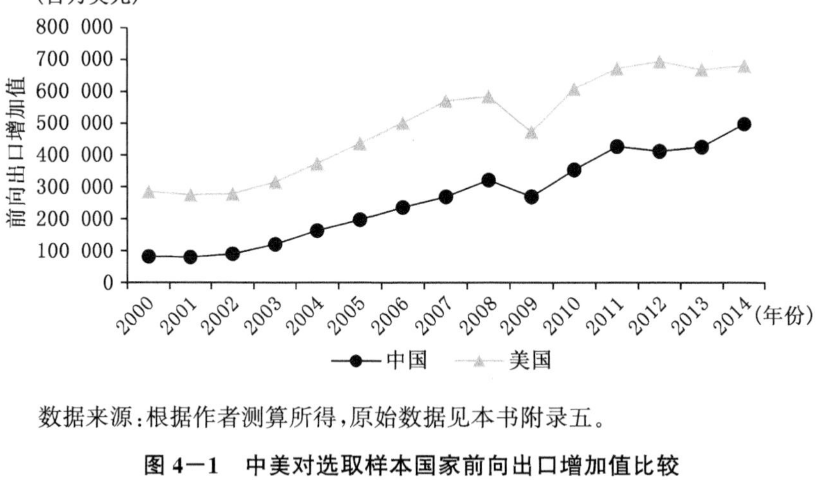

数据来源:根据作者测算所得,原始数据见本书附录五。

图 4—1　中美对选取样本国家前向出口增加值比较

观察图 4—1 可以发现，中国前向出口增加值始终小于美国前向出口增加值，虽然在总出口额上这段时间中国也是小于美国的，但是一定程度上也说明在国际分工中，中国这段时期相对于美国还处于价值链低端，这样的计算结果也与中国出口贸易的实际情况基本吻合，在现实的出口贸易中，中国大量的出口贸易是以加工贸易方式完成。而美国前向出口增加值的情形与中国正好相反，说明美国处于价值链高端，通过出口中间商品到第三方国家，再通过第三方国家出口到其主要贸易伙伴，从主要贸易伙伴中的最终需求中获得贸易收益。由上述可知，前向出口增加值的计算可以更真实地反映出中国和美国在国际分工中的真实位置。

（二）各行业 NRCA 指数变动分析

基于前向出口增加值，根据前文介绍的 NRCA 指数计算方法，计算得出中国 14 个行业相对美国同行业的 NRCA 指数，以 1 为临界点，行业 NRCA 值大于 1 的归类为出口具备比较优势的行业，否则视为出口具备比较劣势的行业，具体如表 4—5 所示。部分行业比较优势变动情况如图 4—2、图 4—3 所示。

表 4—5　　中国各行业相对美国同行业竞争力水平统计表（2014 年）

出口具有比较优势的行业	农林牧渔业 食品和烟草制造业 纺织和服饰制造业 木材加工制造业 焦炭和精炼石油制品制造业 金属原料和合金制品制造业（机械设备除外） 电力、燃气、蒸汽和热力供应业
出口具有比较劣势的行业	采矿采石业 造纸印刷和出版业 化学工业 非金属矿物制品业 电子设备制造业 交通运输设备制造业 机械设备维护修理安装业

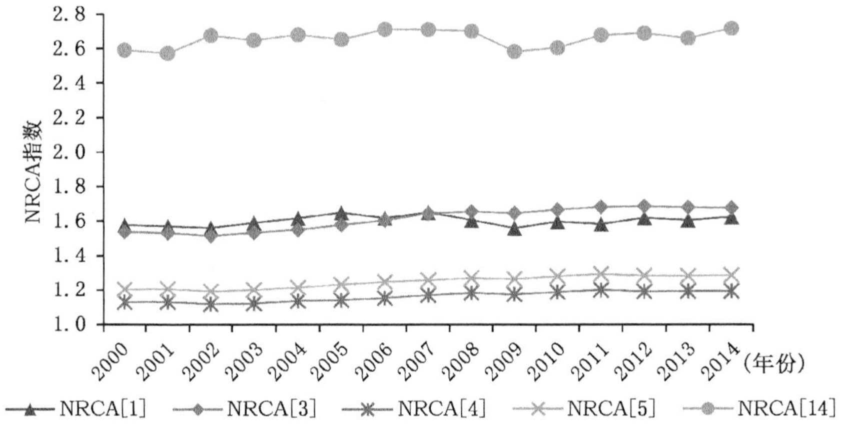

数据来源：根据作者测算所得，原始数据见本书附录五。

图 4—2　中国相对美国 NRCA 指数上升的主要行业竞争力变化趋势

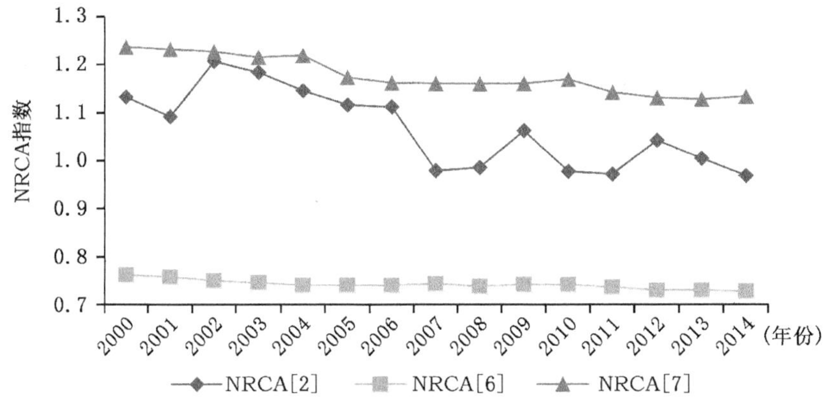

数据来源：根据作者测算所得，原始数据见本书附录六。

图 4—3　中国相对美国 NRCA 指数下降的主要行业竞争力变化趋势

行业出口具有比较优势的行业主要为农林牧渔业，食品和烟草制造业，纺织和服饰制造业，木材加工制造业，焦炭和精炼石油制品制造业，金属原料和合金制品制造业（机械设备除外），电力、燃气、蒸汽和热力供应业（为表述方便，本章以下简称为“能源供应业”）。其中，能源供应业的比较优势较为明显。结合图 4—2、图 4—3 可以发现，具备比较优势的绝大多数行业，如农林牧渔业、食品和烟草制造业、纺织和服饰制造业、木材加工及制造业、能源供应业的比较优势都处于上升趋势，仅焦炭和精炼石油制品制造业的比较优势呈下降趋势。

行业出口具有比较劣势的行业主要为采矿采石业、造纸印刷和出版业、化学工业、非金属矿物制品业、电子设备制造业、交通运输设备制造业和机械设备维护修理安装业。其中，电子设备制造业的比较劣势较为明显。处于比较劣势的行业，仅采矿采石业、造纸印刷和出版业的比较劣势呈现进一步恶化的趋势，其余行业则基本持平。对比《中国制造 2025》计划，比较劣势基本持平的行业（如机械设备维护修理安装业、交通运输设备制造业、电子设备制造业）又是我国在此轮制造业升级中着重强调重点发展的行业。

（三）高、低能耗行业 NRCA 指数变动分析

对行业按照能耗水平进行划分，并分析中国对美高、低能耗行业的出口竞争力水平，对实现提高能源利用率角度的出口结构升级尤为重要。本节采用的高、低能耗行业划分方法和标准与第三章第三节一致。运用公式（4－4）至（4－10）对高、低能耗行业的 NRCA 指数进行计算，得出的结果如图 4－4 所示。

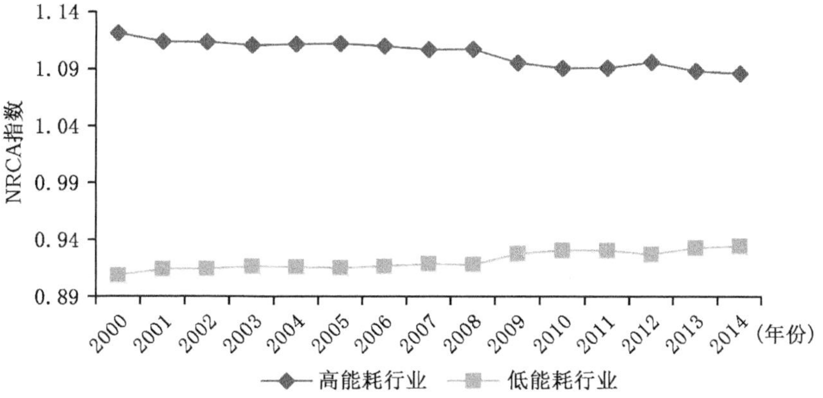

数据来源：根据作者测算所得，原始数据见本书附录七。

图 4－4 中国高、低能耗行业相对于美国同行业 NRCA 指数变化趋势

观察图 4—4 不难发现：2000—2014 年，中国对美国高能耗行业出口具有相对优势，但是近年来高能耗行业 NRCA 指数整体呈现逐年下降趋势，表明随着国际、国内经济的发展和政策导向的变化，这一优势正在逐步丧失；而与此同时，中国对美国低能耗行业的出口具有相对劣势，但是近年来 NRCA 指数却整体呈现稳步上升趋势，标志着低能耗行业的出口竞争力随着政策的引导逐步走强。

四、研究结论

为成功实现制造业升级和出口贸易结构转型，本节研究利用 WIOD 数据库最新发布的 2000—2014 年连续时序数据，基于出口贸易行业前向的出口增加值，利用优化的比较优势模型，对 2000—2014 年中国各行业相对于美国同行业的出口竞争力指数进行了计算，并由此得出中国各行业相对于美国的出口比较优势状况，结论如下：

第一，就具体行业而言，中国农林牧渔业、木材加工及制造业、食品和烟草制造业、焦炭和精炼石油制品制造业、金属原料和合金制品制造业（机械设备除外）、能源供应业相对于美国同行业具备比较优势。可以看出，中国具备比较优势的行业主要集中于传统的劳动密集型及高能耗型行业。其中，劳动密集型行业（如农林牧渔业、食品和烟草制造业、纺织和服饰制造业、木材加工及制造业）及部分高能耗行业（如能源供应业）的比较优势还呈上升趋势，这表明中国的行业优势主要来源于廉价的劳动力和能源的大量使用，而随着老龄化社会的到来和中国能源稀缺程度不断加剧，这种优势将有可能丧失。同时，中国采矿采石业、造纸印刷和出版业、化学工业、非金属矿物制品业、电子设备制造业、交通运输设备制造业和机械设备维护修理安装业相对于美国同行业，行业处于比较劣势。其中，采矿采石业、造纸印刷和出版业的比较劣势呈进一步恶化趋势；电子设备制造业的比较劣势值最大，且在研究期间其比较优势值变动不明显。这表明在技术密集型行业，尤其是新兴科技行业领域，中国仍与发达国家所达到的高度相距甚远。为实现《中国制造 2025》，中国的关键行业仍存在较大的赶超空间。

第二，就行业能耗角度划分而言，中国高能耗行业相对于美国的同行业具有出口比较优势，但是其 NRCA 指数呈下降趋势；中国低能耗行业相对于美国低能耗同行业则具有出口比较劣势，但其 NRCA 指数稳步上升。这一现象说明，高能耗行业整体出口虽然具有比较优势，但优势正逐步减弱，而低能耗行业整体上虽然目前处于比较劣势，但竞争力正逐步增强。

第三节　中国高、低能耗制造业出口质量变动分析

中国当前的出口贸易发展已经由简单地追求规模上的增长转变为追求贸易质量的提升，只有在整个世界范围内的竞争中获取了绝对的质量优势，才能在整个全球价值链体系中攀升至更高的位置，使出口贸易的发展立于不败之地。以下将对中国近年来的出口质量变动情形进行测算分析，并进一步划分高、低能耗出口行业进行探讨。

一、出口质量测算方法

基于前文对出口质量的概念界定，出口质量测算借鉴坎德尔瓦尔(Khandelwal)(2013)[55]的需求信息回归推断法。该方法的基本思想是，如果两种同类商品价格相同，那么质量更高的商品将占据更大的市场份额。产品的市场份额和价格数据可以直接观测到，利用出口商品数量关于商品价格进行回归，剔除出口商品数量中的价格因素，获得的残差代表出口商品质量。出口商品的消费函数为：

$$q_{iwt}=p_{iwt}^{-\delta}\lambda_{iwt}^{\delta-1}\frac{E_{wt}}{P_{wt}}$$

式中，q_{iwt} 为商品 i 在 t 年出口世界市场 w 的数量；p_{iwt} 表示商品 i

在 t 年出口世界市场 w 的价格；λ_{iwt} 表示出口商品 i 的质量；E_{wt} 表示消费者在 t 年在该产品上的支出额；P_{wt} 表示综合价格指数，指的是样本内所有出口产品的综合价格；δ 为产品间替代弹性。两边取对数可得：

$$\ln q_{iwt}=\chi_{wt}-\delta\ln p_{iwt}+\varepsilon_{iwt} \tag{4-11}$$

式中，$\chi_{wt}=\ln E_{wt}-\ln P_{wt}$，为进口国-时间虚拟变量，它是随时间和进口国变化的变量；$\varepsilon_{iwt}=(\delta-1)\ln\lambda_{iwt}$，表示测量产品 i 在 t 年对世界出口产品的质量，作为残差项处理。由此，产品质量定义为：

$$quality_{iwt}=\hat{\lambda}_{iwt}=\frac{\hat{\varepsilon}_{iwt}}{\delta-1}=\frac{\ln q_{iwt}-\ln\hat{q}_{iwt}}{\delta-1} \tag{4-12}$$

之后对出口产品质量进行标准化处理可得：

$$r\_quality_{iwt}=\frac{quality_{iwt}-\min quality_{iwt}}{\max quality_{iwt}-\min quality_{iwt}} \tag{4-13}$$

式中，$\max quality_{iwt}$ 和 $\min quality_{iwt}$ 分别表示各产品在所有年份对世界市场出口质量的最大值和最小值。基于公式(4－13)，以商品出口价值为权重，行业出口产品质量可以表示为：

$$TQ=\frac{Value_{iwt}}{\sum_{iwt\in\Omega}Value_{iwt}}\times r\_quality_{iwt} \tag{4-14}$$

式中，TQ 表示出口行业的整体质量；$Value_{iwt}$ 表示商品 i 在 t 年对世界出口的价值量；$\sum_{iwt\in\Omega}Value_{iwt}$ 表示产品 i 所属行业的出口总值。考虑到矿产、石油、水电煤气等行业对能源的需求强度与其他制造业不一致，可能导致适用的质量函数不一致，故文中剔除采矿业、石油等资源性行业和水电煤气生产供应行业，只考察 27 个制造业，这 27 个行业分别为：[1]农副食品加工和食品制造业；[2]酒、饮料和精制茶制造业；[3]烟草制品业；[4]纺织业；[5]纺织服装、服饰业；[6]皮革、毛皮、羽毛及其制品和制鞋业；[7]木材加工和木、竹、藤、棕、草制品业；[8]家具制造业；[9]造纸和纸制品业；[10]印刷和记录媒介复制业；[11]文教、工美、体育和娱乐用品制造业；[12]石油加工、炼焦和核燃料加工业；[13]化学原料和化学制品制造业；[14]医药制造业；[15]化学纤维制造业；[16]橡胶和塑料制品业；

[17]非金属矿物制品业;[18]黑色金属冶炼和压延加工业;[19]有色金属冶炼和压延加工业;[20]金属制品业;[21]通用设备制造业;[22]专用设备制造业;[23]交通运输业;[24]电气机械和器材制造业;[25]计算机、通信和其他电子设备制造业;[26]仪器仪表制造业;[27]其他制造业。下文为行文方便,仅以行业代码代表行业。

二、中国高、低能耗制造业出口质量变动趋势

根据公式(4－11)至(4－13)计算中国各类制造业商品出口质量,共涉及 3 883 个细分产品的回归。之后根据公式(4－14),分别计算高、低能耗制造业与竞争激烈程度高、低制造业相对应的出口质量。本节高、低能耗制造业行业能耗测算方法虽然与第三章第三节一致,但为保证研究口径与《中国工业企业统计数据库》中的制造业行业划分的一致性,则只能将行业划分为 27 个制造业行业,再根据研究期间各行业历年平均能源强度进行排序,由大到小,排在平均能源强度之前的归类为高能耗行业(包括行业[18][17][13][12][19][9][15][27]),其余为低能耗行业(包括行业[4][7][16][2][20][14][1][21][10][22][23][11][8] [5][6][26][24][3][25])。竞争激烈程度高、低制造业根据赫芬达尔指数(即产业内企业市场份额的平方和表示)的计算结果进行排序,数据来源于 2000—2013 年《中国工业企业统计数据库》。计算得出的值越大代表市场集中度越高、竞争程度越低;反之亦然。将计算得出的历年平均值由大到小进行排序,排在各行业竞争程度均值之前的归类为竞争激烈程度小的行业(包括行业[3][12][15][18][23][25][26][2]),其余为竞争激烈程度高的行业(包括行业[19][24][9][6][14][1][11][27][8][22][13][7][4][10][21][5][16][20][17])。

利用 Kernel 密度估计,密度核采用高斯核,以 7 年为间隔,选取 2000 年、2008 年和 2016 年为观测点进行分析,得到核密度估计分布图(见图 4－5 和图 4－6)。图中 ch、cl 和 eh、el 分别代表高、低能耗制造业和市场

竞争激烈程度高、低制造业。

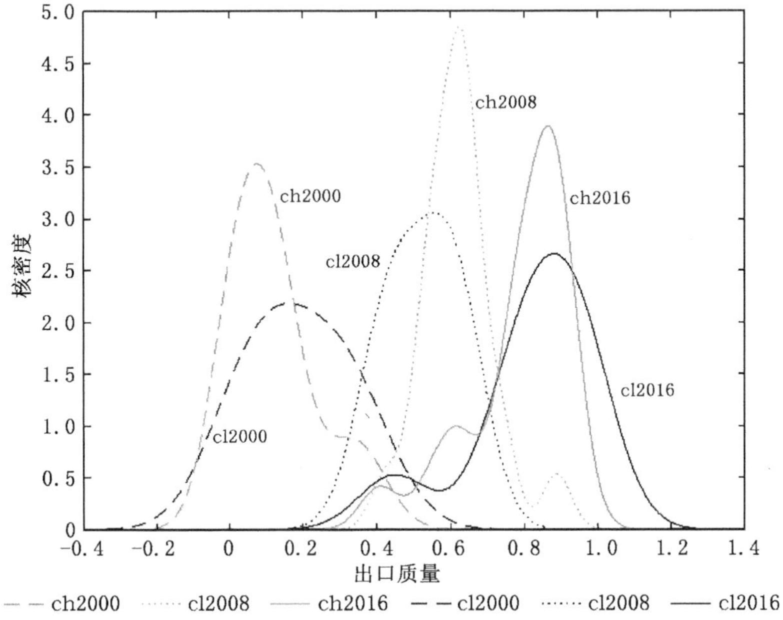

数据来源：根据作者测算所得。

图 4—5　高、低能耗制造业出口质量变动

分析图 4—5 和图 4—6，中国不同能耗水平、不同市场竞争程度的制造业出口质量呈以下特征：

(1)研究期间，中国高、低能耗制造业核密度曲线均大幅从左向右移动，波峰与波宽分别呈下降与变宽趋势。与低能耗制造业出口质量密度曲线相比，高能耗制造业出口质量曲线更向右，曲线的峰值下降、波宽变大更明显。这说明中国高、低能耗制造业出口质量均有大幅度提升，且行业间质量差距幅度变大。同时高能耗制造业出口质量水平更高，行业间出口质量差距幅度更大。

(2)研究期间，中国市场竞争激烈程度高、低制造业核密度曲线也大幅度从左向右移动，波峰与波宽均分别呈上升与变窄趋势。2016 年市场

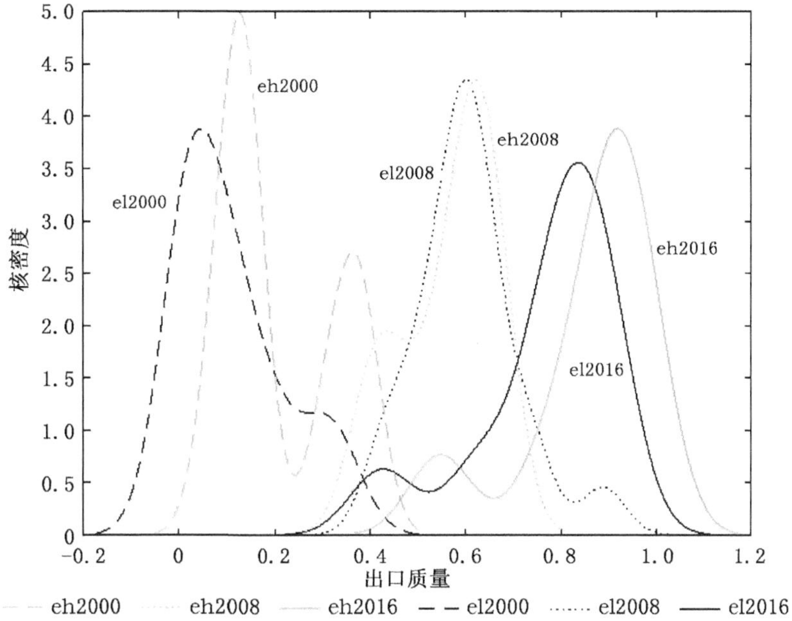

数据来源:根据作者测算所得。

图 4—6　市场竞争程度高、低制造业出口质量变动

竞争激烈程度高的制造业核密度曲线与竞争激烈程度低的制造业核密度曲线中心基本一致,与竞争激烈程度低的制造业核密度曲线相比,竞争激烈程度高的制造业核密度曲线峰值更高、波宽更窄。这说明这一时期内中国市场竞争激烈程度高、低制造业出口质量都有大幅提升,但行业间质量差距变小。

三、研究结论

通过采取需求信息回归推断法分别计算中国高、低能耗制造业与竞争激烈程度高、低制造业相对应的出口质量,研究发现:近年来中国各行业出口质量均呈不断上升趋势。其中,相对于低能耗行业,高能耗行业出口质量更高;相对于竞争激烈程度低的行业,竞争激烈程度高的行业间出口质量差距更小。

上述研究结论，一方面反映了中国近年来在出口贸易领域取得了有目共睹的成就，即各出口行业在规模不断提升的同时，出口质量也稳步提升；另一方面，高能耗出口行业相对于低能耗出口行业的出口质量更高，在一定程度上反映了现阶段中国出口贸易对高能耗行业的依赖依然比较严重，整体国际竞争中的优势来源还主要依赖于高能耗行业的发展；与此同时，竞争激烈程度高的行业间的出口质量差距更小则是体现了在市场作用力下引导出口质量提升的思路的正确性，还表明适度的竞争压力有利于出口质量的提升。

第五章　能源相对价格对中国高、低能耗行业出口影响的多角度研究

作为本书研究的核心内容，本章将立足于能源相对价格现象的存在，尝试从多个不同角度，采用理论与实证方法进行能源相对价格对中国高、低能耗行业出口的差异化影响分析。首先，建立一个一般均衡分析框架进行理论关系的推导，继而分别从出口贸易规模、出口贸易比较优势和出口质量三个角度进行深入研究，探讨能源相对价格对高、低能耗行业出口的影响情形并得出政策启示。

第一节　能源相对价格对高、低能耗行业出口影响的一般均衡分析

正如前文对相关文献的梳理所发现的那样，现有文献将能源价格和贸易问题紧密结合在一起的研究还是相对有限的。一方面，现有的研究主要集中在封闭情形下能源价格对一国贸易的影响，未能结合国际能源和国内能源价格走势差异这一现象的存在来思考开放情形下能源相对价格对一国贸易的影响；另一方面，现有的研究主要是集中在贸易发展的某一角度的影响研究，极少文献考察能源相对价格波动对一国高、低能耗行业出口贸易结构的全方位影响。以下基于杨迎春和岳咬兴（2010）[12]的研究思路，尝试建立一个一般均衡分析框架来进行二者之间相互关系的

探索。

假设出口的供给 X_i^s 是由劳动力价格 wN（w 表示工资）、国内能源价格 PE、劳动力数量 N、劳动力的生产率 Z_N 等因素决定的。其中，$i=H$、L，H 代表高能耗出口产品，L 代表低能耗出口产品。因此，出口的供给可以表示为：

$$X_i^s \equiv f(wN, PE, N, Z_N) \tag{5-1}$$

而出口的需求 $X_i^d = g(y_f, e, PE_f)$，其中，y_f 为其他国家的国民收入、e 为真实的汇率、PE_f 为国外能源价格，而 X_i^d 中的 $i=H$、L，H 代表高能耗出口产品，L 代表低能耗出口产品。

仅考虑出口均衡市场时，即当 $X_i^d = X_i^s$ 时，i 产品的均衡出口量 X_i 和出口价格 P_i 就决定了，即：

$$X_i \equiv X_i(wN, PE, N, Z_N, y_f, e, PE_f) \tag{5-2}$$

$$P_i \equiv X_i(wN, PE, N, Z_N, y_f, e, PE_f) \tag{5-3}$$

其中，$X_{iN}>0$、$X_{iZ_N}>0$、$X_{iy_f}>0$、$X_{ie}>0$、$X_{iPE_f}>0$。但是具体到能源价格，高能耗出口产品和低能耗出口产品有所不同，即对于高能耗产品来讲，依然存在杨迎春和岳咬兴(2010)[12]的结论，$X_{HPE}<0$、$X_{HPE_f}>0$；对于低能耗产品来讲，国内外能源价格对其影响微乎其微，甚至可以忽略不计，因此，在这里假设：$X_{LPE}=0$、$X_{LPE_f}=0$。

本书研究能源相对价格变动对高、低能耗行业出口结构的影响，采用曾峥和张亚斌(2007)[56]对出口结构的定义，即：

$$EX_{H/L} = F(P_{H/L}) = F(P_H/P_L) \tag{5-4}$$

式中，$EX_{H/L}$ 表示该国高能耗出口产品和低能耗出口产品出口量之比，它与以本币计价的两种产品的成本价格呈函数关系，$P_{H/L}$ 表示高、低能耗两种产品的相对成本价格。按照比较优势原则，容易得到两者的关系为：

$$\partial EX_{H/L} / \partial P_{H/L} < 0 \tag{5-5}$$

根据杨迎春和岳咬兴(2010)[12]的研究结论可以得到：

$$\frac{\partial P_i}{\partial PE}=\frac{\partial X_i}{\partial wN}\times\frac{\partial wN}{\partial PE}+\frac{\partial X_i}{\partial N}\times\frac{\partial N}{\partial PE}+\frac{\partial X_i}{\partial Z_N}\times\frac{\partial Z_N}{\partial PE}+\frac{\partial X_i}{\partial y_f}\times\frac{\partial y_f}{\partial PE}+\frac{\partial X_i}{\partial e}\times\frac{\partial e}{\partial PE}+\frac{\partial X_i}{\partial RPE}\times\frac{\partial RPE}{\partial PE} \tag{5-6}$$

式中，RPE 为能源相对价格，即 $RPE=PE/PE_f$，因为均衡出口实际上是受到国内外能源价格的相对水平的影响，而非各自的绝对水平。

由于本研究中将出口产品分为高能耗产品和低能耗产品，因此公式(5—6)可做如下改写。

(1)高能耗产品，即 $i=H$ 时：

$$\begin{aligned}\frac{\partial P_H}{\partial PE}&=\frac{\partial X_H}{\partial wN}\times\frac{\partial wN}{\partial PE}+\frac{\partial X_H}{\partial N}\times\frac{\partial N}{\partial PE}+\frac{\partial X_H}{\partial Z_N}\times\frac{\partial Z_N}{\partial PE}+\frac{\partial X_H}{\partial y_f}\times\frac{\partial y_f}{\partial PE}+\frac{\partial X_H}{\partial e}\times\frac{\partial e}{\partial PE}\\&\quad+\frac{\partial X_H}{\partial RPE}\times\frac{\partial RPE}{\partial PE}\\&=\frac{\partial X_H}{\partial Z_N}\times\frac{\partial Z_N}{\partial PE}+\frac{\partial X_H}{\partial RPE}\times\frac{\partial RPE}{\partial PE}\end{aligned} \tag{5-7}$$

由于假设工资、劳动力数量、国外国民收入以及实际汇率都不随国内能源价格的变化而变化，因此公式(5—7)进行化简。

(2)低能耗产品，即 $i=L$ 时：

$$\begin{aligned}\frac{\partial P_L}{\partial PE}&=\frac{\partial X_L}{\partial wN}\times\frac{\partial wN}{\partial PE}+\frac{\partial X_L}{\partial N}\times\frac{\partial N}{\partial PE}+\frac{\partial X_L}{\partial Z_N}\times\frac{\partial Z_N}{\partial PE}+\frac{\partial X_L}{\partial y_f}\times\frac{\partial y_f}{\partial PE}+\frac{\partial X_L}{\partial e}\times\frac{\partial e}{\partial PE}\\&\quad+\frac{\partial X_L}{\partial RPE}\times\frac{\partial RPE}{\partial PE}\\&=\frac{\partial X_L}{\partial Z_N}\times\frac{\partial Z_N}{\partial PE}\end{aligned} \tag{5-8}$$

综合公式(5—4)、(5—7)和(5—8)可以得到国内能源价格 PE 变动对出口结构 $EX_{H/L}$ 的影响为：

$$\begin{aligned}\frac{\partial EX_{\frac{H}{L}}}{\partial PE}&=\frac{\partial EX_{\frac{H}{L}}}{\partial P_{\frac{H}{L}}}\times\frac{\partial P_{\frac{H}{L}}}{\partial PE}\\&=\frac{\partial EX_{\frac{H}{L}}}{\partial P_{\frac{H}{L}}}\times\frac{P_L(\partial P_H/\partial PE)-P_H(\partial P_L/\partial PE)}{P_L^2}\end{aligned}$$

$$=\frac{\partial EX_{\frac{H}{L}}}{\partial P_{\frac{H}{L}}}\times\frac{P_L\left(\frac{\partial X_H}{\partial Z_N}\times\frac{\partial Z_N}{\partial PE}+\frac{\partial X_H}{\partial RPE}\times\frac{\partial RPE}{\partial PE}\right)-P_H\left(\frac{\partial X_L}{\partial Z_N}\times\frac{\partial Z_N}{\partial PE}\right)}{P_L^2}$$

$$=\frac{\partial EX_{\frac{H}{L}}}{\partial P_{\frac{H}{L}}}\times\frac{\left(\frac{\partial X_H}{\partial Z_N}\times\frac{\partial Z_N}{\partial PE}+\frac{\partial X_H}{\partial RPE}\times\frac{\partial RPE}{\partial PE}\right)-\frac{P_H}{P_L}\left(\frac{\partial X_L}{\partial Z_N}\times\frac{\partial Z_N}{\partial PE}\right)}{P_L}$$

$$=\frac{\partial EX_{H/L}}{\partial P_{H/L}}\times\frac{\left(\frac{\partial X_H}{\partial Z_N}\times\frac{\partial Z_N}{\partial PE}+\frac{\partial X_H}{\partial RPE}\times\frac{\partial RPE}{\partial PE}\right)-P_{H/L}\times\left(\frac{\partial X_L}{\partial Z_N}\times\frac{\partial Z_N}{\partial PE}\right)}{P_L} \tag{5—9}$$

式中第二项的分母部分是影响国内能源价格对出口结构变动的关键因素。该分母的第一项中的$\frac{\partial X_H}{\partial Z_N}\times\frac{\partial Z_N}{\partial PE}$和第二项中的$\frac{\partial X_L}{\partial Z_N}\times\frac{\partial Z_N}{\partial PE}$都是大于零的，原因是国内能源价格引起技术进步，而技术进步引起劳动生产率提高，提升商品出口比较优势，从而促进出口量增加，且高能耗产品受到能源价格刺激而提高效率和采用先进技术的动力要高于低能耗产品，即$\frac{\partial X_H}{\partial Z_N}\times\frac{\partial Z_N}{\partial PE}\gg\frac{\partial X_L}{\partial Z_N}\times\frac{\partial Z_N}{\partial PE}$。第一项中的第二个部分$\frac{\partial X_H}{\partial RPE}\times\frac{\partial RPE}{\partial PE}$可能大于零，也可能小于零。假设国外能源价格不变或者上涨幅度小于国内能源价格的前提下，根据 H-O 理论的要素禀赋思想的结论，国内能源价格上涨会导致能源相对价格 RPE 提高，而能源相对价格提高即国内能源要素禀赋相对弱化，会使得国内均衡出口量减小，此时$\frac{\partial X_H}{\partial RPE}\times\frac{\partial RPE}{\partial PE}<0$；但是如果在国内能源价格上涨的同时，国外的能源价格也在上涨，而且上涨的幅度还大于国内的能源价格，那么，$\frac{\partial RPE}{\partial PE}<0$ 且$\frac{\partial X_H}{\partial RPE}<0$，此时$\frac{\partial X_H}{\partial RPE}\times\frac{\partial RPE}{\partial PE}>0$。杨迎春和岳咬兴(2010)[12]的实证结果表明，2000 年以来后者成立，即$\frac{\partial X_H}{\partial RPE}\times\frac{\partial RPE}{\partial PE}>0$。因此，从公式(5—9)可

以看出，高能耗产品和低能耗产品的出口结构 $EX_{H/L}$ 对国内能源价格变动∂PE 的反应主要取决于二者相对价格 $P_{H/L}$ 对国内能源价格变动∂PE 的反应。根据杨迎春和岳咬兴(2010)[12]结论可知，在国内能源价格变化时一般的出口产品通过两个渠道进行反应：一方面是国内能源价格上涨引起技术进步和效率提高，即$\frac{\partial X_H}{\partial Z_N}\times\frac{\partial Z_N}{\partial PE}$和$\frac{\partial X_L}{\partial F_N}\times\frac{\partial Z_N}{\partial PE}$；另一方面是国内能源价格上涨引起了能源相对价格变化，从而使得出口量发生变化，即$\frac{\partial X_H}{\partial RPE}\times\frac{\partial RPE}{\partial PE}$。但是，在本书研究中，低能耗产品只通过第一个渠道对国内能源价格变动∂PE 产生影响，第二个渠道在前文已经分析过，假设为零。因此，最终高能耗产品和低能耗产品的出口结构 $EX_{H/L}$ 对国内能源价格变动∂PE 的反映取决于技术进步$\left(\frac{\partial X_H}{\partial Z_N}\times\frac{\partial Z_N}{\partial PE}和\frac{\partial X_L}{\partial Z_N}\times\frac{\partial Z_N}{\partial PE}\right)$、能源相对价格$\left(\frac{\partial X_H}{\partial RPE}\times\frac{\partial RPE}{\partial PE}\right)$和高、低能耗产品相对价格($P_{H/L}$)三个因素。

根据上述的研究，本书得出以下结论：能源相对价格对一国高、低能耗行业出口的影响存在一定的差异性，引致出口结构变动，差异的来源既受到能源相对价格本身的影响，也受到能源价格推动不同行业的技术进步差异的影响，还包括高、低能耗行业产品自身相对价格因素的影响等。基于这一理论分析结论，后续的具体研究中，将结合这几个主要因素来展开。

第二节　能源相对价格对中国高、低能耗行业出口的差异化影响——基于小波时频分析方法的研究

改革开放以来，中国工业化进程不断加快、对外贸易持续增加，中国经济进入高速增长阶段，以高能耗产业为主导的粗放型经济增长模式迫使中国能源需求与日俱增。中国是世界商品贸易出口第一大国，同时也

是世界上第一大能源消费国。作为“世界加工厂”,中国商品出口能耗水平与发达国家相比仍存在较大差距。根据作者的测算,2014 年中国出口商品总耗能高达 110 056.2 万吨标准煤,单位出口能耗 0.196 2 万吨标准煤/百万美元,两项指标均高于同期美国的水平。[①] 巨大的能源消耗和高度对外贸易依存度并存,特别是单位出口能耗远高于发达国家水平的现实情形下,中国出口贸易的发展引发了对能源与环境问题的考验。中国“十三五”规划中就曾提到:在未来 5 年要实现单位碳排放年递减 18%、单位 GDP 能源消耗年降低 15%,同时优化贸易结构,培育出口新优势。

由于各国能源储备的相对稀缺程度不同,以及能源要素本身的特殊性,国内外能源价格形成机制上存在一定差异,这就导致了能源相对价格存在。2000—2016 年,能源相对价格体现为国内价格波动幅度小于国际能源价格(见图 5—1),这将使得中国出口商品整体的生产成本与运输成本波动更为平缓,但是不同能耗行业因其能源要素投入的差异,那么能源价格变动对其成本的影响和节能改进的影响都存在一定的差异,能源相对价格通过成本差异对高、低能耗行业出口的影响存在什么样的不同?前期的学者为探索能源价格与出口贸易关系做了大量有益贡献,但也存在一定的局限性。首先,关于能源价格的思考,现有研究主要都集中在封闭情形下,仅考量国内能源价格变动对出口贸易的影响,未能结合国内、国际能源价格差异化波动这一现象的存在来思考开放情形下能源价格的影响机理,且缺乏动态关系的分析。其次,在实证分析方法选择方面,多数分析能源价格与出口贸易关系只关注因果关系等传统时间序列研究方法,仅从“时间维度”考虑能源价格与出口的“时域动态关联性”,而忽视了两者在频率维度上可能存在的“频域动态关联性”。本节正是以此为起点,研究能源相对价格对中国高、低能耗行业出口的差异化影响理论机

① 根据 http://www.stats.gov.cn/、https://www.eia.gov/、https://www.bea.gov/网站数据测算而得。

制，并进行实证分析，进而基于研究结论提出合理的能源政策和出口贸易政策优化出口结构，以实现出口贸易稳定可持续发展与节能减排双重战略目标。

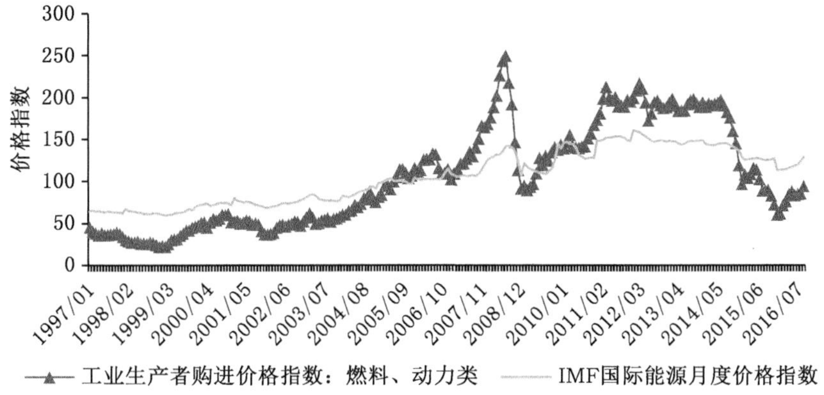

数据来源：中国经济数据库(CEIC)和 IMF 数据库中 Primary Commodity Prices，原始数据见本书附录八。

图 5—1　国内外能源价格走势比较图(指数 2005 年 1 月为 100)

一、能源相对价格影响出口贸易的理论分析

(一)静态的影响机制——基于拓展的 H-O 理论分析

传统的 H-O 理论(即要素禀赋理论)的分析基础是以资本和劳动力要素作为对象，鉴于本书研究的需要，我们思考能源要素如何影响一国的出口贸易发展。首先，假设世界上只有两个国家：A 国和 B 国，每个国家只生产两种商品：X 与 Y，且只拥有两种生产要素：能源和资本。如果生产 X 时的能源/资本比率大于生产 Y 时的能源/资本比率，我们就说商品 X 是能源密集型产品，即高能耗产品，Y 则为低能耗产品。

由于传统的要素禀赋理论的假设前提是在完全竞争市场下的情形，结合能源要素自身的特殊性，导致每个国家在能源要素价格形成上的差

异，因此我们需要优化一下关于要素充裕度的界定。传统的 H-O 理论中基于要素市场的均衡价格高低来判断一国是否具有该要素的禀赋，例如一国资本的利率较低，则说明该国的资本供给丰裕，资本市场的均衡价格较低，即具有资本要素禀赋，根据传统 H-O 理论的结论，则该国出口资本要素密集型产品。其逻辑关系如图 5—2 所示。

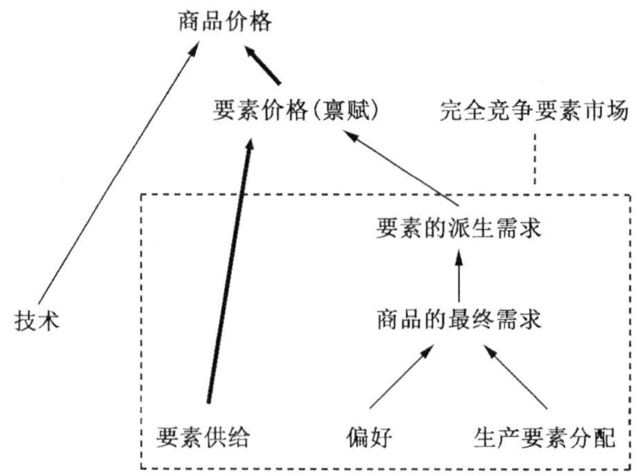

图 5—2　传统 H-O 理论的一般均衡框架

结合能源要素价格形成的特殊性，能源价格在不同国家之间存在差异的根源在于政府干预，这就导致即使 A 国的能源要素市场均衡价格高于 B 国，但若 A 国采取能源政府定价模式且管制能源价格，那 A 国的能源价格也可能相对于 B 国较低，即也可以形成能源要素价格（禀赋）优势。一旦具备能源要素相对价格优势，即 A 国在能源密集型产品价格上相对于 B 国具有优势，就会表现为有利于商品 X（高能耗产品）对 B 国的出口。其逻辑关系如图 5—3 所示。

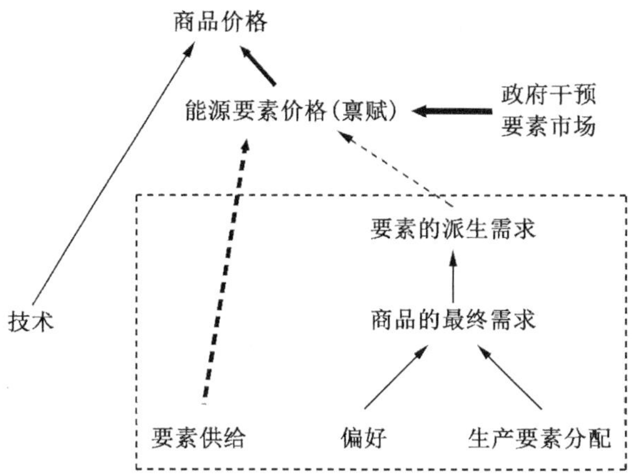

图 5—3　拓展的 H-O 理论分析框架

（二）动态的影响机制——基于 H-O-S 理论分析

在静态分析的基础上，我们从动态的视角来看影响机制的演变。传统的 H-O-S 理论，即要素价格均等定理指出，国际贸易的发展成为要素流动的替代，使各国同质要素的价格趋于相等。

假设 A、B 两国从某一时点开始进行国际贸易，A 国能源价格实行政府管制，表现为能源价格动态变动相对于 B 国较小，即 A 国获得了能源要素相对禀赋优势。根据要素禀赋理论，A 国应集中生产并出口能源密集型产品，而 B 国应进口能源密集型产品。从动态视角来看，经过分工和贸易后，A 国大量使用本国能源要素进行生产和出口，从而使能源要素价格日趋上涨，相对于 B 国的优势逐渐丧失，如政府持续进行管制，则势必形成能源要素市场的价格扭曲，对能源价格的管制机制形成压力和冲击，进而对经济、社会和环境造成不利的影响。

二、能源相对价格影响中国出口贸易的实证分析

目前能源价格变动影响行业出口幅度的实证分析大多以出口行业为

一个整体，尚无将行业基于不同能耗水平进行分类，未能分别分析能源价格对高、低能耗行业出口的不同影响情形，不利于发现二者之间更加深层次的相互关系，从而难以得到更加有针对性的政策启示。基于上述理论分析的基础和前期研究的不足，在方法的选择上，本研究中采用 Morlet 小波时频分析方法。该方法不仅从“时域”和“频域”两个维度分析时间序列的动态相关性，而且其理论基础更加宽泛——不需要时间序列满足平稳性要求，也就意味着其在分析传统计量方法难以解决的非平稳时间序列问题时，较传统因果检验方法更具优势。在变量的选取上，本书选取国内外能源价格走势差异，即以能源相对价格替代能源价格，分别探索其对高、低能耗行业出口的影响。本节的数据来源及高、低能耗行业划分方法和标准与第三章第三节一致。

（一）Morlet 小波时频分析方法变换

作为一种新的信号分析处理技术，小波时频分析方法在处理非平稳时间序列和反映时域信息方面体现出很大的优越性。它能将不同频率的波动和不同长度的时间窗口结合起来进行分析，从而能更好地甄别时间序列，包括非平稳时间序列中结构转变，因而它具有良好的时域和频域局部化性质。相较于之前分析能源价格与出口结构关系多使用年度数据，本节研究将利用月度数据，以便更好地发现两者间的频域变化关系。介绍实证分析时，本书将使用连续小波变换及基于此的小波功率谱、小波相关系数和相位差的原理。

1. 连续小波变换

所谓小波变换，就是将原始时间序列分解为一系列由某个特定的母小波（Mother Wavelet）经过位置平移和尺度伸缩后得到的基小波（Basis Wavelet）叠加，从而得到一个时间-频率的二维平面，将原始时间序列中看不到的信息在时域和频域上进行显示。小波变换包括离散小波变换和连续小波变换。其中，连续小波变换更适合于信号的提取，在经济领域运用得较多，因而这里也使用连续小波变换。假设原始时间序列为 $X(t)$，那么其连续小波变换如下：

$$W_x(u,s)=\int_{-\infty}^{+\infty}x(t)\varphi_{u,s}^{*}(t)\mathrm{d}t \tag{5-10}$$

式中，* 表示复共轭，$\varphi_{u,s}^{*}(t)$ 是 $\varphi_{u,s}(t)$ 函数的复共轭函数，而 $\varphi_{u,s}(t)$ 即为基小波函数。它是由母小波函数 $\varphi(t)$ 进行伸缩与平移后得到的一组函数序列。基小波函数 $\varphi_{u,s}(t)$ 与母小波函数 $\varphi(t)$ 之间的关系可表述为：

$$\varphi_{u,s}(t)=\frac{1}{\sqrt{s}}\varphi\left(\frac{t-u}{s}\right) \tag{5-11}$$

式中，s 被称为尺度参数，用来衡量母小波的伸缩程度，u 被称为平移参数，用来反映母小波平移位置，在一定意义上对应着频率的高低。由于 s 和 u 都是连续变化的值，所以 $\varphi(t)$ 被称为连续母小波函数，$\varphi_{u,s}(t)$ 被称为连续基小波函数，$W_x(u,s)$ 被称为连续小波变换函数。母小波函数的形式有很多，最常用于连续小波变换的母小波函数是 Morlet 小波。因此，本研究中将延用高斯包络下的单频复正函数 Morlet 小波函数，其函数的表达式为：

$$\varphi_{w_0}(t)=\pi^{-1/4}(e^{iw_0t}-e^{-w_0^2/2})e^{-t^2/2} \tag{5-12}$$

式中，波数 w_0 代表高斯包络线内震荡的次数。w_0 较高导致 Morlet 小波的时域局部化性质较差，而 w_0 较低导致 Morlet 小波频域局部化性质较差。所以，为确保小波时域与频域局部化性质较好，通常取 $w_0=6$，当 $w_0>5$ 时，$e^{-w_0^2/2}$ 可以忽略不计，因此，此时的 Morlet 小波简化为 $\varphi(t)=\pi^{-1/4}e^{iw_0t}e^{-t^2/2}$。

2. 小波功率谱

单个时间序列 $X(t)$ 的小波功率谱亦称为小波自功率谱，用来反映 $X(t)$ 在时域和频域组合下的波动性，$X(t)$ 的小波自功率谱被定义为 $|W_x(u,s)|^2$，如下式所示：$\delta_x^2=\frac{1}{C}\int_0^{+\infty}\int_{-\infty}^{+\infty}|W_x(u,s)|^2\frac{\mathrm{d}u\,\mathrm{d}s}{s^2}$。自哈金斯

(Hudgins)等(1993)[57]首次用 $W_{xy}(u,s)=W_x(u,s)W_y^*(u,s)$ 来表示时间序列 $X(t)$ 与 $Y(t)$ 的交叉小波功变换，相应的两者的交叉功率谱被表示为 $|W_{xy}(u,s)|^2=|W_x(u,s)|^2|W_y^*(u,s)|^2$，用以反映两者间在时域和频域组合下的局部联动性。

3. 小波相关系数

小波相关系数是在小波功率谱的基础上，进一步用时间序列 $X(t)$ 与 $Y(t)$ 的交叉小波功率谱与两者之间的小波自功率的比值而得到的。根据托伦斯(Torrence)等(1998)[58]的研究，得到小波相关系数的平方形式如下：

$$R^2(u,s)=\frac{|S(s^{-1}W_{xy}(u,s))|^2}{S(s^{-1}|W_x(u,s)|^2)S(s^{-1}|W_y(u,s)|^2)} \tag{5—13}$$

式中，S 代表时频正态化处理下的平滑因子。因上式可知，R^2 的取值范围为 0～1。R^2 的大小由之后分析彩色刻度条的形式直观地反映出来。当 R^2 取值为 0 时，表示时间序列 $X(t)$ 与 $Y(t)$ 之间完全无关；当 R^2 取值为 1 时，表示两者完全相关。其中，颜色由蓝到黄依次对应着能源价格差异和出口之间相关系数的由小到大。

4. 小波相位差

布卢姆菲尔德(Bloomfield)等(2004)[59]定义时间序列 $X(t)$ 与 $Y(t)$ 之间相位差等于交叉小波功率 $W_{xy}(u,s)$ 的虚数部分 I 与实数部分 R 间的比值，如下式所示：

$$\phi_{xy}(u,s)=\tan^{-1}\left(\frac{I\{S(s^{-1}W_{xy}(u,s))\}}{R\{S(s^{-1}W_{xy}(u,s))\}}\right) \tag{5—14}$$

式中，$\phi_{xy}(u,s)$ 的取值范围为 $[-\pi,\pi]$。当 $\phi_{xy}(u,s)\in\left(-\frac{\pi}{2},\frac{\pi}{2}\right)$ 时，$X(t)$ 与 $Y(t)$ 正相关，在相位差回归图中以箭头表示，箭头向右，其中 $\phi_{xy}(u,s)=0$ 时，表示 $X(t)$ 与 $Y(t)$ 完全正相关，箭头水平向右。当 $\varphi_{xy}(u,s)\in\left[-\pi,-\frac{\pi}{2}\right)$ 或 $\phi_{xy}(u,s)\in\left(\frac{\pi}{2},\pi\right]$ 时，$X(t)$ 与 $Y(t)$ 负相

关，在相位差回归图中箭头向左，其中当 $\phi_{xy}(u,s)=\pi$ 时，表示两者完全负相关，箭头水平向左。当 $\phi_{xy}(u,s)\in\left(-\frac{\pi}{2},0\right)$ 或 $\phi_{xy}(u,s)\in\left(\frac{\pi}{2},\pi\right)$，即箭头向右下方或左上方，$Y(t)$ 领先于 $X(t)$，即 $Y(t)$ 变动是引起 $X(t)$ 变动的原因。当 $\phi_{xy}(u,s)\in\left(0,\frac{\pi}{2}\right)$ 或 $\phi_{xy}(u,s)\in\left(-\pi,-\frac{\pi}{2}\right)$ 时，即箭头向右上方或左下方，$X(t)$ 领先于 $Y(t)$，即 $X(t)$ 变动是引起 $Y(t)$ 变动的原因。相位差回归图中虚线表示小波相关性的影响锥（COI），影响锥表示边缘效应在相关性数据中出现的位置，由于边缘效应，对于外部相关区域给予较少可信性[蔡静（2016）[60]]。

（二）数据来源说明

各行业出口商品的月度数据是通过将中国经济数据库（CEIC）中按标准国际贸易分类（SITC）的月度数据与世界投入产出表的年度数据进行比对而得。国内能源月度价格选取国内生产者购进动力价格指数替代，该数据来源于中国经济数据库（CEIC），国际能源月度价格指数（包括原油、天然气和煤炭价格指数）来源于 IMF 数据库中的 Primary Commodity Prices，为确保能源价格的可比性，将国内外能源价格根据指数以 2005 年价格为基年进行调整。能源相对价格根据国内和国际能源价格波动幅度差异计算而得。分析时间范围为 2000 年 1 月至 2016 年 10 月。

三、能源相对价格对高、低能耗行业出口的影响分析

（一）稳健性检验及因果关系分析

本部分进行的稳健性检验主要包括两个方面：一是检验能源相对价格指标的敏感性，直接使用国内、国际能源价格指数的差异代表国外能源相对价格波动；二是为了验证采取 Morlet 小波时频分析方法的可行性，运用传统分析方法约翰森（Johansen）协整与格兰杰（Granger）因果检验方法，对能源相对价格与不同能耗行业的出口之间的关系进行检验。能

源相对价格（ENP）与高、低能耗行业出口（EXH、EXL）均存在单位根，且在一阶差分后平稳。因此，相关变量可以直接做协整与因果检验分析，分析结果如表 5—1、表 5—2 所示。限于篇幅限制，单位根检验结果不予显示，约翰森协整检验最大特征值检验结果与特征根迹检验结果相似，因此，本书仅显示特征根迹检验结果。

表 5—1　　约翰森协整检验结果

原假设	特征根迹检定		结　论
	统计值	5%的临界值	
ENP 与 EXH 不存在协整关系	77.68	15.41	拒绝原假设
ENP 与 EXL 不存在协整关系	77.39	15.41	拒绝原假设

表 5—2　　格兰杰因果关系检验结果

原假设	F 值	P 值	结论
ENP 不是 EXH 的 Granger 原因	7.16	0.008 1	拒绝原假设
EXH 不是 ENP 的 Granger 原因	2.63	0.106 3	接受原假设
ENP 不是 EXL 的 Granger 原因	8.84	0.003 3	拒绝原假设
EXL 不是 ENP 的 Granger 原因	3.12	0.078 9	接受原假设

由表 5—1、表 5—2 的检验结果发现，能源相对价格与高、低能耗行业出口变动均不存在长期的协整关系，且能源相对价格是高、低能耗行业出口变化的原因。以上结论说明，能源相对价格的优势能促进中国所有行业出口的短期增长，但长期继续依赖能源价格优势并不能维持中国出口的长期优势。二者因果关系确立后，能源相对价格如何影响中国高、低能耗行业出口贸易？以下部分将进行进一步的分析探索。

（二）能源相对价格与高、低能耗行业出口的深层次关系

为了识别能源相对价格对中国高、低能耗行业出口的具体影响，现根据前文介绍的 Morlet 小波时频分析方法，从“时域”和“频域”两个维度分

析时间序列的动态相关性，分析能源相对价格与高、低能耗行业出口的深层次关系。实证结果如图 5—4 和图 5—5 所示。

在互相关系数回归图中，时间尺度以年为单位，将 1 年以内定义为短期，1～4 年定义为中期，4 年以上定义为长期。Matlab 默认显示阈值 0.5，为了更清晰地探索两者关系，将阈值设置为 0.7。为方便行文，下文只描述能源相对价格与高、低能耗行业出口小波相关系数大于 0.7 的部分（图中灰白区域），即下文是基于两者高度相关的前提下展开两者相互关系分析。

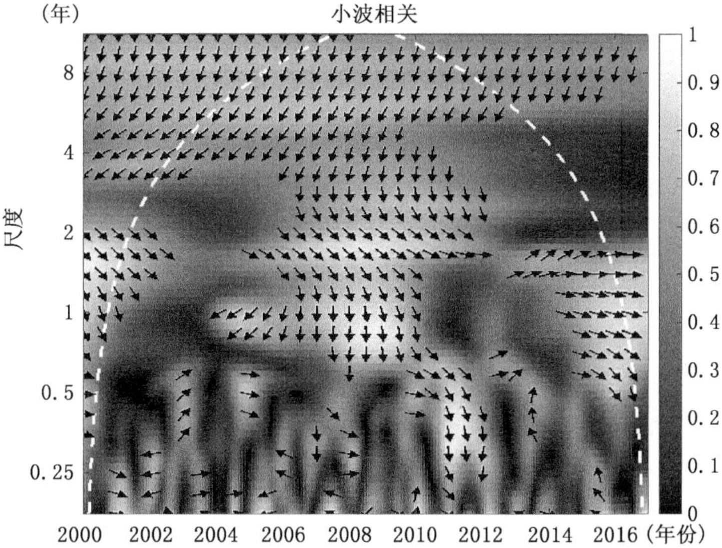

图 5—4　能源相对价格与高能耗行业出口小波相关系数

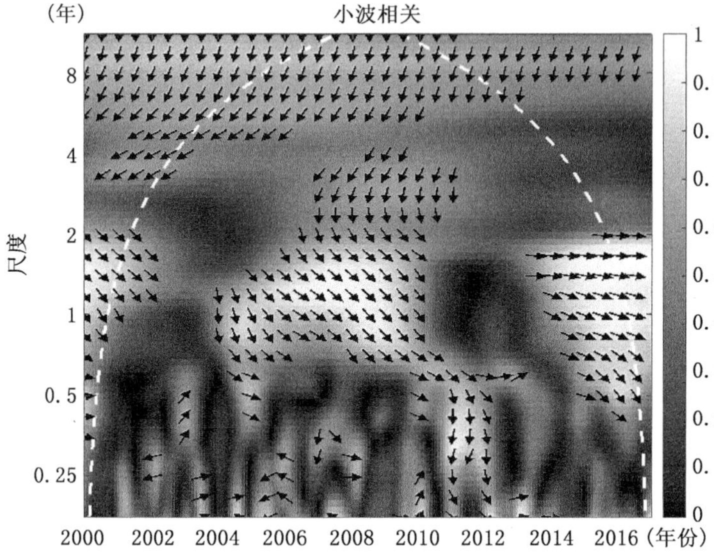

图 5—5 能源相对价格与低能耗行业出口小波相关系数

1. 能源相对价格与高能耗行业出口的关系

从图 5—4 可以发现，在尺度范围 2 年内的 2000—2004 年期间和在尺度范围 1～2 年的 2004—2011 年期间，箭头向右下方。根据小波相位差原理，意味着能源相对价格与高能耗行业出口正相关，且能源相对价格领先于高能耗行业出口，即能源相对价格是高能耗行业出口增加的重要原因。同时，尺度范围半年内的 2010—2016 年期间，箭头水平向右。根据小波相位差原理，意味着两者完全正相关，能源相对价格增大导致高能耗行业出口快速增长。以上分析可以发现，2002—2014 年期间，特别是 2004—2012 年期间，中、短期内能源相对价格对高能耗行业出口增加起到了非常重要的作用。分析以上现象的原因主要在于“要素成本效应”，除 2008—2009 年外，研究期间内国际能源价格上涨幅度远超过国内能源价格，这使得短期内国内高能耗行业的生产与运输的能源成本都低于国际市场，使得中国高能耗行业在出口方面具备静态能源要素成本优势。

在尺度5～6年的2003—2008年期间，箭头向左下方，根据小波相位差原理，意味着能源相对价格与高能耗行业出口呈负相关，高能耗行业出口领先于能源相对价格，即高能耗行业出口增长是能源相对价格减少的长期原因。这一结论与要素价格均等化理论的结论一致，即从长期来讲，通过政策维持能源相对价格以实现中国高能耗行业的出口优势是不现实的，中国高能耗行业的持续出口增长势必导致能源相对价格优势的丧失。

2. 能源相对价格与低能耗行业出口的关系

从图5—5可以发现，在尺度范围0.5～3年的2000—2002年期间和尺度范围1～1.5年的2006—2010年期间，以及尺度范围0.25～0.5年的2010—2012年期间，小波相位差的箭头向右下方，意味着能源相对价格变动领先于低能耗行业出口，即能源价格差异也是低能耗行业出口增加的短期原因。但对比能源相对价格对高能耗行业出口的影响，发现其对低能耗行业出口的影响不管从影响时间、还是影响尺度方面都相对较小。这说明能源相对价格短期内对低能耗行业出口起到的促进作用非常有限。从中、长期来看，小波相位差的箭头垂直向下，意味着低能耗行业出口与能源相对价格不存在因果关系。这一结论同样符合要素禀赋理论的核心思想：低能耗行业因其能源要素投入有限，通过控制国内能源价格获取的能源相对价格优势，对于其行业出口的成本优势的贡献非常有限，虽然短期内也有一定的影响，但影响幅度不大，同时，在中长期内而言，由于“技术进步”等外部因素的干扰，使得能源相对价格的优势并不能保证对低能耗行业出口的优势维持，实证结果也得出了二者长期内相互无显著因果关系的结论。

四、结论与政策启示

中、短期而言，能源相对价格变动对中国高、低能耗行业出口增长都起到了促进作用，但对高、低能耗行业出口影响幅度依次递减，即由于国内外能源价格波动幅度差异，形成能源相对价格，使中国高能耗行业的出口在中短期内形成了明显的比较优势。这一研究结论表明：中国一直以来实行的能源价格管制政策，对中国多年来的出口贸易的快速发展起到了至关重要的作用，尤其是对高能耗行业出口贸易的快速增长做出了巨大贡献。但长期而言，能源相对价格变动并不能持续支撑中国高能耗行业出口的优势，且高能耗行业出口的持续增长反而促使能源相对价格呈现逐步减少趋势。这是由于中国的能源定价目前还是属于政府管制下的有限市场化机制，使得国内能源市场价格会偏离实际价格。一方面，这一价格机制虽然使高能耗行业在中、短期内出口时获得短期成本优势，但国内能源价格的低廉同时会导致要素价格的“技术进步效应”受到了抑制，使企业在享受“能源成本优势”的同时，忽视节能改进技术的投入，进而在出口中无法获取长期的竞争优势；另一方面，高能耗行业的出口增长同时会引致国内能源消耗的持续快速增加，进一步施压国内的能源供求市场，扭曲国内能源价格，使其无法反映能源稀缺性与能源环境成本，引发更加严重的社会环境问题，进一步导致当前的能源价格管制政策的长期不可持续性。

当前中国出口贸易发展进入了一个新的历史阶段，国内能源短缺与环境问题日益突出，维持能源相对价格而促进中国的出口贸易发展，特别是高能耗行业出口获得短期比较优势已不是当下最优的政策选择。根据上述研究结论，同时基于当前中国能源问题的现实和出口贸易发展的情况，从能源政策和贸易政策角度得到如下的政策启示：

第一，从能源政策角度而言，未来在能源价格机制方面，中国需要进一步推动能源价格市场化的改革力度，加快实现各能源品种的市场化定价机制，促进市场各主体竞争，政府只起辅助引导作用。国内能源价格通过以上改革可以充分发挥能源价格在资源配置中的作用，真正实现国内能源价格渐进式与国际能源市场接轨，实现两者价格波动方向与幅度的逐步趋同化，合理化出口商品中能源要素成本，降低国内外能源成本差异对出口贸易的影响。与此同时，政府还应积极发展新能源，如对太阳光电、风电等再生能源的前期技术研发投入进行税收优惠、补贴等支持，以实现能源品种供应多样化，既可以缓解传统化石能源消耗带来的环境负担，更重要的是从能源供给角度保障国内能源市场的稳定，使国内能源价格的调整步伐得到有效控制，避免因能源价格调整对高能耗行业的出口造成过大的冲击，真正实现中国出口贸易中稳定的能源要素价格优势，进而维持整体出口贸易的可持续发展。

第二，从贸易政策角度而言，应对高、低能耗行业采取差异化的政策措施。高能耗行业的出口受国外能源相对价格影响较大，且其占目前中国出口结构的比重较大。一方面，政府可以通过相应差异化的优惠税率、补贴等手段，对高能耗企业的商品生产进行节能技术升级引导，降低此类行业出口中的能源要素密集度，从而缓解其出口对能源相对价格的依赖。另一方面，政府要采取相应的政策鼓励高能耗行业企业转变出口发展的理念，重视加强自身的创新，提高商品设计、生产过程中的技术含量，培育这类产品的核心竞争优势，创造这类行业出口中能源要素成本优势之外的其他优势点。低能耗行业的出口相对而言受到能源相对价格的影响较小，同时其出口的增长对国内能源市场的稳定性冲击有限，故而是当前出口贸易结构调整中重点扶持的部分，贸易政策的导向应主要着眼于其行业商品附加值的提高，加大出口退税和补贴等支持力度，使其中具备资本和技术优势的部分商品能获取长期稳定的国际市场竞争力。

第三节　能源相对价格对中国高、低能耗行业出口质量的影响

改革开放 40 多年来，中国很长一段时期主要是依赖国内生产要素成本优势（如大规模廉价劳动力）出口大量具有价格比较优势的商品，为中国经济的高速增长做出了巨大贡献。随着近年来国际、国内经济与贸易环境的不断变化，国内生产要素价格的上涨导致了出口商品价格不断提高，出口商品的价格优势正在逐渐丧失。鉴于出口贸易对于中国经济增

长的重要性,而继续依赖低价商品大规模出口实现经济增长已不具备可行性,中国出口贸易发展的当务之急应当是实施由注重出口规模向注重出口质量的战略转变。生产要素的丰裕程度直接影响出口商品质量[肖特(Schott)(2004)[61]],除资本与劳动力等基本生产要素之外,能源是另一不可或缺的生产要素,与劳动力更多是通过要素质量提升影响出口质量不同,能源要素更多是通过要素价格变动导致的成本高低对出口质量产生影响。当前,中国主要生产要素(如资本与劳动力)的价格与世界同类要素价格日益趋同①。鉴于能源因素在经济发展过程中的战略意义,中国的主要能源品种的价格形成一直受到政府的管制,能源价格管制机制直接导致了中国能源价格与世界能源价格走势存在一定的差异。图5-1以2000—2016年为例,对比了中国与世界能源价格的走势,从中可以发现,中国能源价格波动与世界能源价格波动趋势基本趋同,但波动幅度远比世界能源价格波动幅度平稳。差异化的能源价格波动幅度通过直接影响中国出口商品的能源要素成本优势,从而间接影响出口质量。本节构建能源相对价格的指标来衡量中国与世界能源价格波动幅度的差异,从能源要素视角探讨能源相对价格对中国出口贸易质量的影响,既在理论上丰富了生产要素价格对出口贸易质量影响的相关研究,又可以基于研究得出的结论为提升中国出口贸易质量和改革能源价格机制提供相应的政策思路,为实现2017年党的十九大报告提出的经济由高速增长阶段向高质量增长阶段转变和实现"质量强国"、推进绿色发展、降低能耗的战略发展目标提供绵薄之力。

---

① 其他生产要素指的是劳动力与资本。根据World Data Bank数据库统计,中国工资水平不断上涨,调整后中国人均国民收入2000年至2016年间,共上涨了317.61%,高于世界28.27%的平均上涨水平。由于缺乏全球平均资本价格,以美国实际利率为例,根据《中国统计年鉴》与美国经济统计局(BEA)数据,中美实际利率差距已由2000年的3.09个百分点下降到2016年的0.97个百分点。

一、文献综述

出口质量问题一直以来是国际贸易领域研究的重点与热点问题。在理论方面，福尔维(Falvey)(1981)[62]通过构建垂直差异化模型，将垂直产业贸易和要素禀赋理论相结合，强调商品质量高低取决于生产商品的资本密度。格罗斯曼(Grossman)和赫尔普曼(Helpman)(1991)[63]基于垂直贸易模型认为具备技术创新能力的生产者决定了质量好的产品，模仿者决定了质量差的产品。科普兰(Copeland)和科特沃(Kotwal)(1996)[64]分析劳动力异质性对出口质量的影响，发现劳动力相对过剩比劳动力相对不足生产的商品质量高。随后，出口质量的理论研究多数集中于企业异质性角度，从生产率角度解释出口质量差异的原因[梅里兹(Melitz)(2003)[65]、克罗泽(Crozet)等(2012)[66]]。这类研究认为，国际贸易使生产要素资源流向生产率高的企业，生产率高的企业进入出口市场，而生产率低的企业只能留在国内市场甚至退出市场，在此基础上，进入出口市场的产品质量也随之提高。

在实证研究方面，众多学者从贸易自由化、外商直接投资、融资约束、产业集聚效应、生产要素投入等角度，探索影响出口质量的因素[范(Fan)等(2018)[67]、施炳展(2015)[68]、贝尔尼尼(Bernini)等(2015)[69]、苏丹妮等(2018)[70]]。其中，生产投入是一个非常重要的解读视角。这类研究主要关注生产要素(资本、劳动力)投入及中间投入对出口质量的影响。布兰比拉(Brambilla)等(2016)[71]利用82个国家的行业数据进行实证研究发现，资本充裕或高收入国家专业生产和出口高质量产品，劳动力充裕或低收入国家专业生产和出口低质量产品。拉赫斯(Lages)等(2009)[72]通过对葡萄牙企业微观数据的分析发现，企业管理者的关系管理能力直接影响企业出口产品质量。吴艳芳等(2018)[73]基于2000—2007年中国企业数据，考察进口中间品价格扭曲对中国企业出口质量的影响，发现正向扭曲的进口中间品有利于促进企业出口质量升级。巴斯(Bas)等

(2015)[74]利用 2000—2006 年中国制造业企业数据研究发现，进口中间投入品关税免除后，有利于中国企业出口产品质量提升。

生产投入作为研究影响出口质量的重要一环，仅关注资本、劳动力或中间产品的投入并不十分充分。本研究相较于之前研究做了如下边际贡献：(1)之前大部分研究都是基于传统的生产要素投入，很少涉及能源要素，本节的研究重在基于开放情形下考察能源相对价格对中国出口质量的影响，并在此基础上分别从行业能耗水平异质性和行业面临的市场竞争程度异质性角度分析了能源相对价格对出口质量产生的不同影响，进一步细化了研究结论。(2)前期部分对中国制造业出口贸易研究的文献虽然也使用了企业微观数据，但是囿于数据限制，绝大多数微观研究期限仍局限在 2007 年之前。中国在 2008 年之后，出口贸易飞速发展，不断实现贸易规模的历史性突破，本节为从较长时期内较全面、科学地评估中国出口质量的影响因素，使用了更新到 2016 年的行业数据。

二、能源要素价格影响出口质量的理论基础与机制分析

(一)能源要素价格对出口质量影响的理论分析

一国生产要素价格不仅影响一国出口商品的生产分工，还影响一国出口商品质量。从动态的角度来看，能源要素价格变动将对出口质量产生直接的影响，以下通过构建理论模型进行分析。假设任意一个国家 X 国 t 时点出口商品 i 到 Y 国，在完全竞争市场且不考虑其他影响因素的情形下，假定 Y 国的消费者消费偏好由 CES 效用函数决定，该函数为凸函数，消费者消费任何不同商品都能获得额外效用 U。具体函数形式如下：

$$U_Y = \sum \theta_i c_i^{1-\frac{1}{\delta}}, \delta > 1 \tag{5-15}$$

受消费者收入预算的限制，则有：

$$\sum p_i c_i \leqslant I_Y \tag{5-16}$$

式中，θ_i 为 X 国 t 时点 i 商品质量，p_i 为 X 国 t 时点 i 商品价格，c_i 为 t 时点 Y 国消费 X 国商品 i 数量，I_Y 代表 Y 国收入。现假定 j 为 $t+1$ 时点 X 国出口到 Y 国的与商品 i 同类的商品，θ_j 为 X 国 $t+1$ 时点 j 商品质量，p_j 为 X 国 $t+1$ 时点 j 商品价格，c_j 为 $t+1$ 时点 Y 国消费 X 国商品 j 数量，$t+1$ 时点 Y 国收入不变为 I_Y，并对公式(5－15)和(5－16)一阶求导，可得消费者对价格、质量和消费数量的关系：

$$p_i=(\theta_i)(c_i)^{-\frac{1}{\delta}} \tag{5－17a}$$

$$p_j=(\theta_j)(c_j)^{-\frac{1}{\delta}} \tag{5－17b}$$

结合公式(5－17a)和(5－17b)有：

$$\frac{p_j}{p_i}=\left(\frac{\theta_j}{\theta_i}\right)\left(\frac{c_j}{c_i}\right)^{-\frac{1}{\delta}} \tag{5－18}$$

假设 X 国 t 时点生产者生产函数为：

$$x_i=\frac{K_i^{\gamma_1}L_i^{\gamma_2}E_i^{\gamma_3}}{F_i}\ ,\gamma_1>0,\gamma_2>0,\gamma_3>0,\gamma_1+\gamma_2+\gamma_3>1 \tag{5－19}$$

式中，K 代表物资资本、L 代表劳动力、E 代表能源、F 代表生产技术水平，则 t 时点生产者利润最大化公式为：

$$\pi(x_i)=p_ic_i-r_iK_i-w_iL_i-p_i^eE_i \tag{5－20}$$

式中，r_i 表示 t 时点 X 国资本回报率、w_i 表示 t 时点 X 国工资、p_i^e 表示 t 时点 X 国能源价格。t 时点企业实现利润最大化，则有：

$$c_i=x_i \tag{5－21}$$

结合公式(5－21)，把公式(5－19)代入公式(5－20)，可得均衡状态下商品价格与要素价格的关系如下：

$$p_i=\frac{r_iF_i}{\gamma_1K_i^{\gamma_1-1}L_i^{\gamma_2}E_i^{\gamma_3}} \tag{5－22a}$$

$$p_i=\frac{w_iF_i}{\gamma_2K_i^{\gamma_1}L_i^{\gamma_2-1}E_i^{\gamma_3}} \tag{5－22b}$$

$$p_i=\frac{p_i^eF_i}{\gamma_3K_i^{\gamma_1}L_i^{\gamma_2}E_i^{\gamma_3-1}} \tag{5－22c}$$

由以上分析可知，公式(5—17a)、(5—22a)、(5—22b)、(5—22c)分别表达消费者及生产者对 t 时点最优价格的抉择。当供给等于需求时，市场达到均衡，市场价格为均衡价格。结合公式(5—18)、(5—21)、(5—22c)，考虑动态情形下，要素价格 t 时点至 $t+1$ 时点变动与商品质量 t 时点至 $t+1$ 时点变动之间的关系，可得市场出清时，能源价格变动与出口质量变动的关系式为：

$$\frac{\theta_j}{\theta_i}=\left(\frac{p_j^e}{p_i^e}\right)\left(\frac{F_j}{F_i}\right)^{1-\frac{1}{\delta}}\left(\frac{K_i^{\gamma_1}L_i^{\gamma_2}E_i^{\gamma_3-1}}{K_j^{\gamma_1}L_j^{\gamma_2}E_j^{\gamma_3-1}}\right)\left(\frac{K_j^{\gamma_1}L_j^{\gamma_2}E_j^{\gamma_3}}{K_i^{\gamma_1}L_i^{\gamma_2}E_i^{\gamma_3}}\right)^{\frac{1}{\delta}} \tag{5—23}$$

由此不难看出，一国的能源价格从 t 时点至 $t+1$ 时点变动 $\frac{p_j^e}{p_i^e}$ 将影响该国商品出口质量的变动 $\frac{\theta_j}{\theta_i}$，且技术进步 $\frac{F_j}{F_i}$ 也将影响该国出口商品质量变动，由于 $\delta>1$、$1-\frac{1}{\delta}>0$，表明技术进步对出口商品质量改善的正向作用，考虑到能源价格与技术进步之间的内生关系的存在及各类要素禀赋变动的不确定性，能源价格变动如何影响一国的出口质量变动具有一定的不确定性。

（二）能源相对价格对出口质量的影响机制分析

由上述理论基础分析可知，能源价格变动对一国出口质量变动有直接的影响。进一步从开放情形下来思考，中国能源价格不仅低廉，且相对于国际能源价格的走势波动幅度更为平稳，因而能源要素的价格成本优势可以影响出口质量，体现为国内能源价格相对于国际能源价格走势的平稳也可以通过成本机制影响出口质量。具体体现为：一方面，相对平稳的能源价格走势避免了由于能源价格波动造成的生产及运输等能源成本的大幅波动，企业可以按预先的计划进行资金的调配，按原定投资计划将资本用于相应质量升级项目。另一方面，相对平稳的能源价格走势使得企业生产过程中的动态能源成本更低，企业有更多的赢利空间，产品质量升级多数依赖于研发等无形资产项目的投资，而由于债权人难以对无形资产投资进行评估，导致这类投资很大程度上受到企业自有资金的约束[龙(Long)等(1985)[75]、荷尔(Hall)(2002)[76]]。因此，相对平稳的能源价格走势有利于出口商品的质量升级。能源相对价格指标正可以衡量出国内能源价格走势相对于国际能源价格走势波动上的变化优势。借鉴并结合张杰等(2015)[77]的研究结论，能源相对价格通过成本机制对出口商品质量影响的大小，受到行业特征的约束。本书将市场竞争激烈程度高低这一行业特征变量引入分析，具体如下：

1. 能源相对价格对不同能耗水平制造业出口质量的影响机制

本书从能耗视角来划分不同的出口行业，高能耗制造业中能源要素成本占比更大，能源相对价格可能为生产高能耗产品的制造业企业带来更多的盈利，因此，能源相对价格对高能耗制造业出口质量提升的影响应更为显著。

因此，提出假设一：**能源相对价格使得中国出口更具成本比较优势，有利于出口质量升级，其效应对高能耗制造业出口质量影响更大。**

2. 能源相对价格对不同市场竞争激烈程度下出口质量的影响机制

通常情况下，当企业面临的市场竞争激烈程度较高时，企业更具危机意识，倾向于将能源相对价格为出口企业带来的盈利投资于无形资产等质量升级项目以保持或提升自身比较优势。反之，当企业面临的竞争激烈程度较低时，企业生存压力较小，更倾向于将能源相对价格带来的收益用于直接分配而不是用于提升企业出口质量。但是，也可能存在另一种情况，当企业面临市场恶性竞争时，企业将能源相对价格带来的收益直接转换为价格竞争，不存在多余盈利投入到研发当中，而竞争相对不激烈的企业为了保持自己的地位，反而将能源相对价格带来的盈利投入于研发，从而促进出口质量提升。

因此，提出假设二：**能源相对价格对处于不同市场竞争激烈程度下的制造业出口质量影响是否为正取决于行业所面临的竞争条件。**

三、实证分析

(一)模型的构建

在理论基础分析与影响机制分析的基础上,借鉴施炳展和邵文波(2014)[32]、范(Fan)等(2018)[67]等模型的思路,在考虑传统生产要素影响的基础上,考虑开放情形下能源要素价格变动对出口质量的影响,加入能源相对价格这一核心解释变量,构建如下模型:

$$EQ_{it}=\alpha_0+\alpha_1 ENP_t+\bar{\beta}Z+v_i+\varepsilon_{it} \tag{5-24}$$

式中,EQ_{it} 指的是 i 行业年份 t 时的出口质量,ENP_t 指年份 t 的能源相对价格,Z 为其他控制变量,v_i 表示不可观测的行业效应,ε_{it} 表示随机扰动项。

(二)指标说明与数据来源

1. 被解释变量

被解释变量为各制造业行业出口质量。出口质量计算的原始数据来源于 UNCOMTRADE、SITCREV. 3 的 5 位产品数据,这些商品与中国 27 个制造业的一一对应关系参考了盛斌(2002)[78]的分类方法。

2. 核心解释变量

核心解释变量为能源相对价格。该指标采用世界能源价格波动幅度与中国能源价格波动幅度之差来衡量。由于当前国际能源价格波动幅度长期大于国内能源价格波动幅度,该值越大表示国内能源价格的波动幅度相较于国际能源价格波动的幅度越小,意味着国内能源价格走势相较于国际能源价格走势越平稳。

3. 其他控制变量

就生产要素角度而言,资本禀赋和劳动力禀赋属于最基本的生产要素;技术水平则是影响商品生产效率最重要的要素;行业全要素生产率是扣除各生产要素贡献后的剩余生产率水平,通常被认为是技术进步或制度变化等非生产性投入的要素贡献。这三类要素的衡量分别如下：

(1)资本禀赋(CAP)与劳动力禀赋(LAB)。资本强度与单位劳动力工业增加值一定程度上体现了生产过程中资本和劳动力效率的高低，而资本与劳动力效率的高低某种程度上也是要素丰裕程度的体现。因此，这两个指标在书中分别以各行业总产出与固定资产净值之比和工业增加值与劳动力数量之比表示。

(2)技术水平(TEC)。各行业能耗密度变动一定程度上反映了生产过程能源使用效率，即可以反映能耗技术进步情况。考虑到本书从能源要素角度分析出口商品质量，因此，本书的技术水平由能耗技术水平替代，具体由各行业直接能源强度的变动率衡量。

(3)行业全要素生产率(TFP)。行业全要素生产率的估计采用莱文松–佩特林(Levinsohn-Petrin)半参数法(LP法)。这个方法既可以避免同时性偏差和样本选择偏差，也可以更为灵活地选择投资数据[鲁晓东和连玉君(2012)[79]]。估计的过程中涉及产出、劳动力投入、资本投入及中间投入四个指标。这些指标分别以各行业工业产值、员工人数、固定资产净值和各行业总产值减工业增加值加应交增值税得到的中间投入替代。为剔除价格影响因素，工业产值、固定资产净值和中间投入分别利用工业产品出厂价格指数、固定资产投资指数和燃料动力价格指数进行平减。全要素生产率计算时涉及的数据来源于《中国工业统计年鉴》①。

外资参与程度可以通过其溢出效应影响中国企业生产效率产生影响[杜(Du)等(2012)[80]]，从而影响出口质量。融资约束则体现为信贷约束将对企业产生“质量调整效应”，面临融资困难的企业倾向于出口低质产品[范(Fan)等(2015)[81]]。因此，本书除考虑其他生产要素外，还将外资参与程度与融资约束纳入控制变量。两者的衡量如下：

---

①　2011年后，《中国工业统计年鉴》未直接更新各行业产值，但是公布各行业销售值。书中利用2000—2011年间各行业销售值与产值之比，推断2011年后的各行业产值。其他指标中个别缺值利用插值法补齐。

(1)外资参与程度。外资参与程度的衡量指标通常有三种：一是外商投资企业总资产占该行业总资产的比重；二是外商投资企业就业人数占该行业总就业人数比重；三是外商投资企业工业增加值占该行业工业增加值比重[方健雯等(2010)[82]]。考虑到中资与外资企业员工可能存在一定的"能力差距"，导致工业增加值的增值效率也存在一定差距，因此书中该指标以外资总资产占该行业总资产的比重衡量。

(2)融资约束。融资约束的衡量指标有流动性、利息支出、应收账款相对比例等指标[马诺瓦(Manova)和余(Yu)(2016)[83]、于洪霞等(2011)[84]]。书中考虑到质量升级属于长期投资项目，受到企业长期融资约束，因此，选择长期资产负债率即长期负债与资产总值之比衡量，长期资产负债率越高表明企业的长期债务负担越重，容易导致银行对企业需要长期投资的无形资产项目惜贷，该指标值越高表明企业受到的融资约束越严重。

以上变量说明、数据来源与描述性统计见表5—3、表5—4。

表5—3　　数据来源说明

解释变量	涉及指标	数据来源
ENP	世界能源价格波动幅度－中国能源价格波动幅度	《中国统计年鉴》、IMF
CAP	总产出/固定资产净值	《中国工业统计年鉴》
LAB	工业增加值/劳动力总数	《中国工业统计年鉴》
TEC	(当期行业能源强度－上期行业能源强度)/上期行业能源强度	中国经济数据库(CEIC)、《中国能源统计年鉴》
FDI	外资总资产/行业总资产	《中国工业统计年鉴》
FIN	行业长期负债/总资产	《中国工业统计年鉴》

表 5—4 **主要变量描述性统计**

变量	观察值	均值	方差	最小值	最大值
EQ	459	0.526	0.243	0.001	0.982
ENP	459	57.217	57.679	1.133	203.625
CAP	456	4.302	1.679	1.153	10.431
LAB	456	207.755	336.885	23.797	2 822.926
TEC	456	0.5	0.662	0.027	4.345
TFP	456	8.828	0.853	6.49	10.955
FDI	456	0.3	0.147	0.001	0.726
FIN	456	0.092	0.04	0.002	0.231

根据上述变量，采用面板分析方法，为使结果更平稳，对所有变量取对数，分析结论如表 5—5 所示。

表 5—5 **回归结果**

变量	总样本(1)	能源强度异质性(2)	竞争激烈程度异质性(3)
ENP	0.018 (0.019)	0.034* (0.021)	0.056** (0.024)
CAP	0.631*** (0.124)	0.563*** (0.130)	0.564*** (0.127)
LAB	0.453*** (0.060)	0.404*** (0.065)	0.504*** (0.064)
TFP	0.263*** (0.053)	0.292*** (0.055)	0.250*** (0.054)
TEC	0.160*** (0.045)	0.102* (0.055)	0.151*** (0.045)
FDI	0.300*** (0.052)	0.294** (0.052)	0.308*** (0.052)
FIN	−0.165* (0.094)	−0.209*** (0.097)	−0.197** (0.095)
ENP×EII		0.053* (0.028)	
ENP×HHI			0.053*** (0.020)

注：()里为标准差，***、**、* 分别代表在 1%、5%、10%水平下显著。

（三）总样本实证回归结果

1. 能源相对价格

从表 5—5 的回归结论可以发现，能源相对价格对出口质量影响回归系数为正，但不显著。回归结论与前文影响机制的原理分析相一致，能源相对价格将通过成本机制获取优势，减少商品生产成本，增加盈利从而有利于出口质量提升。考虑到回归中以各制造业为样本，不同制造业行业间能源强度差异较大。以研究期间最高的行业平均能源强度与最低的行业平均能源强度之比为例，黑金属冶炼及压延加工业的平均能源强度是电子及通信设备制造业的 35 倍。行业间大幅能源强度差距意味着能源成本在不同行业中所占比重差异性高，能源相对价格通过成本效应影响对出口质量影响的重要性也有所不同，因此，整体回归结果不显著是可以解释的。

2. 资本、劳动力与全要素生产率

从回归结果发现，资本密度、劳动力效率和全要素生产率三者提升都利于出口质量提高，且影响显著。资本密度提高意味各行业资本深化。资本深化虽然会降低资本生产率，但是根据新古典增长理论，对于资本原始积累不足的欠发达经济体，资本深化通过增加劳动力掌握的资本数量改善了劳动力生产效率。在研究期间，中国经济发展阶段恰好符合新古典增长理论假设，资本经历由相对匮乏到逐渐充盈的过程。在这个阶段，因资本深化带来劳动生产效率提升高于因资本深化带来的资本生产率的下降，使得生产率总体提高[杨志云和陈再齐（2018）[85]]。因此，资本深化、单位劳动工业增加值增长与全要素生产率提高都体现为生产效率提升，生产效率提升将降低产品可变成本、提升出口质量。就影响效应大小而言，资本与劳动力在所有的影响因素中位居前两位，原因在于当前与发达国家相比,中国资本的边际报酬较高,且劳动力效率还有较大提升空间。① 该阶段资本密度和劳动力效率的提升可以大幅度提高生产效率从而提升出口质量。

3. 技术水平

回归结果显示技术水平升级对中国各行业出口质量影响系数为正且显著。这说明技术进步,特别是节约能耗的技术进步能够提高能源使用效率、降低商品生产可变成本,从而提升出口质量。

4. 外商参与程度

回归结果显示,外商参与程度提高有利于中国出口质量提升且影响显著。这是因为外资为在中国市场占据一席之地,势必需要具备相应的人力资本或技术等优势。外商参与程度不断提升后可以将这些优势通过竞争、技术人员流动、示范-模仿等溢出途径促进国内各制造业行业出口质量升级。

5. 融资约束

回归结果显示,融资约束对中国各制造业行业出口质量影响系数为负且显著。即较高的融资约束水平不利于出口质量提升,原因在于企业长期负债率越高,质量升级等长期投资项目的可用资金减少,这在很大程度上说明了融资约束是制约出口质量提升的瓶颈。

(四)基于行业异质性回归结果

1. 能源强度行业的异质性

考虑到能源相对价格对不同能源强度行业出口质量的影响机制,其影响情形可能存在异质性。基于前文对高、低能耗制造业行业的分类,在基准模型基础上引入能源相对价格与高能耗行业(EII)虚拟变量的交乘

---

① 以发达国家美国为例,根据美国经济分析局(BEA)的数据,2016 年美国制造业平均资本密度(总产出/固定资产净值)为 1.88,而同年中国为 4.26,说明中国资本边际报酬率较高,美国单位劳动增加值为 173.2 千美元/人,而同年中国仅为 42.5 千美元/人,说明美国劳动生产率更高。

项(ENP×EII),以低能耗行业为基础,具体回归结果见表5—5第2列。该项回归系数为正且显著,反映了相对于低能耗行业,能源相对价格更有利于高能耗制造业出口质量提升。上述结果可以归因于能源成本在能源强度越大的制造业所占比重越高,走势平稳的国内能源价格更有利于中国高能耗制造业行业出口质量提升。回归结论符合假设一。

2. 行业竞争激烈程度的异质性

考虑到能源相对价格在不同市场竞争激烈程度的行业出口质量影响机制,能源相对价格对不同竞争激烈程度制造业出口质量影响可能存在异质性。基于前文对市场竞争激烈程度高、低行业的分类,在基准模型的基础上,引入能源相对价格与竞争激烈程度高制造业(HHI)虚拟变量的交乘项(ENP×HHI),以竞争激烈程度低制造业为参照,回归结果见表5—5第3列。该项回归结果为正且显著。这说明相对于市场竞争激烈程度低的制造业,能源相对价格更有利于市场竞争激烈程度高的行业出口质量提升。原因在于当前中国各制造业竞争较充分,且竞争激烈程度高的行业竞争激烈程度远远高于竞争激烈程度低的行业,但尚未达到恶性竞争的程度。[①] 这样的竞争条件符合假设二中正常竞争条件,因此,能源相对价格通过竞争机制,更多地促进竞争激烈程度高的制造业出口质量升级。基于行业异质性回归的其他控制变量结果与总样本回归结果相似,本书不再逐一解释。

(五)稳健性检验

为检验能源相对价格对出口质量的影响,将能源相对价格由国际能源价格波动与国内能源价格波动之比替代,回归结果发现,除能源相对价格对竞争激烈程度高的行业出口品质量影响显著性下降外,其余回归结

① 根据赫芬达尔指数测算的结果,2013年中国竞争激烈程度最高的非金属矿物制品业的企业赫芬达尔指数为0.000 239 813,竞争激烈程度最低的烟草制品业行业的赫芬达尔指数为0.049。赫芬达尔指数最低的行业是最高行业的203倍。根据美国司法部的分类,中国所有制造业都属于竞争Ⅱ型,即竞争较激烈的行业,但行业间的竞争激烈程度仍有较大差异。

果与前文回归结果基本一致，总体可以说明能源相对价格有利于促进出口质量特别是高能耗行业的出口质量提升。

考虑到在其他控制变量中，外资参与程度可能存在内生性，即外资参与程度高的行业出口产品质量高，当然也存在另一种可能，即外资更多投资于出口质量高的行业。因此，本书用外资的滞后一期作为当期变量的控制变量进行回归，以克服内生性。回归结果显示，该变量具备内生性，但是考虑内生性后，能源相对价格对出口质量影响仍为正向影响，并且在10％的水平下显著。因此，之前回归结果是稳健有效的。

四、结论与政策启示

通过对中国各行业出口质量的测算可以发现，按不同标准划分的中国各行业类型的出口质量均呈不断上升趋势，在此基础上各类行业出口质量的特点为，高能耗行业相对于低能耗行业出口质量提升更高，竞争激烈程度高的行业相对于竞争激烈程度低的行业行业间出口质量差距更小。上述结论充分说明：(1)竞争激烈程度高的行业间出口质量差异更小，应充分发挥市场在资源配置中的决定性作用，建立统一开放、高效竞争的市场体系，激发市场竞争对出口质量提升的正向激励效应。(2)应对当前能源政策给予一定程度的肯定，因为当前能源价格机制明显促进高能耗制造业和竞争激烈程度高的制造业出口质量提升。但是随着“放开两头，管住中间”的能源价格市场化改革持续进行，能源相对价格对中国出口质量提升的空间已经越来越有限。当前在能源价格市场化改革的同时，只能确保能源价格调整一定的时滞性，减少能源价格无谓波动对企业生产成本的影响，从而保障制造业特别是高能耗与竞争激烈程度高的制造业质量提升有一定的空间与时间进行转化。根据之前回归结果得出如下质量升级的政策启示：

第一，依赖于生产要素禀赋结构优化，实现出口质量升级。伴随着当前廉价劳动力成本优势的逐渐丧失，中国政府应加大对人才的培养投入，在提高劳动力效率的同时培育其他优质生产要素，如加快资本深化，进一步提高资本和技术的要素报酬收入，形成以研发、设计和技术创新为主导的新型制造业，从而提升制造业出口质量，尤其是高能耗制造业的技术投入，以便保证产业的顺利转型。

第二，进一步吸引外商特别是高技术含量的外商对中国进行直接投资，鼓励高科技外资企业将其研发等项目落户中国，以进一步发挥其溢出效应，使中国制造业充分利用“干中学”的前后向技术溢出效应，快速提升中国制造业技术水平，从而提高出口质量。中国政府应注重完善吸引外资投资配套政策，如加强知识产权保护、施行投资便利化和自由化的相关措施等，尤其是要加强低能耗制造业领域的外资引入，因为这有利于实现低能耗制造业的出口质量提升。

第三，提高金融体系的资源配置效率，改善企业的融资困境，可以通过直接融资方式缓解资本市场的信息不对称，一定程度上减少金融资本错配，使得资本流向更具技术创新潜力的成长型企业，进而鼓励企业提升产品质量，相应的政策措施将对不同能耗制造业的出口质量都具有正向的引导作用。

第六章　能源价格机制改革推动中国高、低能耗行业出口结构优化

中国的能源价格机制为中国的出口贸易发展做出了巨大贡献，但是随着当前国内国际能源和贸易环境的变化，从国家战略的高度而言，改革当前的能源价格机制、逐步实现能源价格市场化既是不二的路径选择，也是进一步实现国内能源价格与国际能源价格接轨的大势所趋。从出口贸易角度而言，自中国迈入贸易大国行列开始，贸易发展的战略必然要从原先的“做大”转变为“做强”，改变传统出口贸易发展模式下对能源消耗的依赖，高、低能耗行业的出口结构必须得到优化调整。自 2018 年以来，美国发起的“贸易保护主义”争端愈演愈烈，这标志着中国依靠传统的出口贸易发展策略在全球价值链体系中继续攀升的空间已经非常有限，必须从整体出口贸易战略的角度思考未来的方向，将高、低能耗行业出口结构调整与中国出口贸易在全球价值链体系中的地位攀升结合起来。基于当前中国能源价格机制改革的方向和出口贸易发展战略诉求，本章将进行能源价格市场化对中国高、低能耗行业出口结构调整的政策效应模拟和利用能源价格机制推动中国高、低能耗行业对外直接投资以实现优化出口结构的可行性分析，并在此基础上对能源价格机制改革推动高、低能耗行业出口结构优化调整提出全面的政策建议。

第一节　中国能源价格市场化对高、低能耗行业出口结构调整模拟

改革开放三十多年来出口贸易为中国经济发展做出了巨大贡献，特别是在中国加入世界贸易组织之后，2001—2016 年中国出口贸易对 GDP 的贡献程度平均高达 25.7%。在此期间出口贸易对中国经济的贡献度呈现先上升后下降趋势，出口贸易于 2006 年对经济贡献达到高峰（对经济贡献的比重高达 35.3%），此后逐年下降，2016 年对经济的贡献度为 18.6%。其中，工业品出口对我国出口贸易的发展起着决定性作用。当前，中国经济发展处于历史转型期，2016 年中国人均 GDP 达 8 016 美元，按世界银行标准划分处于中等偏上收入国家水平，简单地继续依赖高能耗和劳动密集型行业发展已难以满足中国经济向高收入国家迈进的诉求。中国能否跳脱所谓的中等收入国家陷阱？出口贸易能否持续支撑中国经济的增长？工业品出口贸易能否成功升级转型将是一个至关重要的决定因素。改革开放以来，基于不同时期经济发展的客观需要和中国能源供求的客观情况，中国政府在能源价格形成机制上不断地努力探索改进，先后出台了关于能源价格体制改革的多项政策文件，不断优化各类能源品种的定价方式和管理机制，切实推动了中国能源市场化改革的进程。但是总体而言，现阶段中国主要能源品种的价格形成机制仍属于政府管制模式，以政府定价和垄断性价格为主，只有少部分能源品种基本实现由市场定价。这种政府管制下的定价机制使得中国能源价格与国际能源价格相比，不仅存在一定的静态相对差异，而且存在明显的动态波动差异（见图 5—1），中国能源价格波动较国际能源价格波动整体更为平缓。根据杨迎春等（2010）[12]的研究结论，中国前期的能源价格机制为中国的出口贸易的快速发展做出了巨大的贡献，政府管制下的能源价格使国内的企业获取了相对于国际市场的能源要素成本优势，促进了整体的出口规

模快速增长,特别是促进了高能耗工业行业的出口发展。

近年来,随着国际国内对于节能减排的政策诉求的提出,中国政府一直致力于逐渐采取一系列的措施对能源价格形成进行市场化改革,能源生产的上中游价格基本放开,原煤、原油基本实现市场化,虽然终端能源价格仍然受到政府不同程度的管制,但未来完全市场化定价的改革趋势已经形成。在这样的背景下,中国通过依靠国内外能源价格差异获得的出口比较优势未来势必会受到一定的冲击,因此如何基于国内能源价格市场化改革的趋势制定更加契合中国出口贸易转型升级的政策措施是当前政策研究者应当关注的焦点所在。因此,本节将从当前中国能源价格扭曲对中国出口贸易产生影响的研究开始,尝试模拟未来政府取消终端能源价格政府管制情境,分析各主要能源品种都实现市场化定价将对中国高、低能耗工业行业出口贸易的差异化影响,探索其中的核心问题所在,从而为中国出口贸易结构升级转型提出更加科学的政策启示,保障出口贸易对经济增长的持续贡献,实现中国顺利跨越“中等收入国家陷阱”。

一、文献综述

近年来,学术界对能源价格影响出口贸易研究主要包括两大类:一类为运用传统的计量分析方法定量分析研究能源价格对出口贸易的影响;另一类将抽象的理论形式转变成一个可计算的关于现实的经济模型,即一般均衡 CGE 用于核算能源价格对出口贸易的影响。后者主要代表性的研究包括胡宗义和刘亦文(2009)[86]通过 CGE 模型中的 MCHUGE 模型,模拟 2005—2010 年能源价格提高相应百分比对中国经济运行的影响情况,发现能源价格提高对宏观经济具备较大负面影响,短期和长期内均导致出口下降。莱文特(Levent)和穆斯塔法(Mustafa)(2011)[87]运用一般均衡法,基于 GTAP 的数据发现不论是在低油价、标准油价还是在高油价的情境下,油价的冲击都不利于出口,恶化贸易账户。

定量分析能源价格波动对中国经济的影响是一个复杂的系统工程,在变量的选取上难免存在很多局限,常用的回归分析过程无法考虑经济系统的整体变化,会使研究结论具有很大的不确定性,而一般均衡的CGE模型则在这些方面更加科学,因此本节拟采取一般均衡CGE的方法进行研究。相较于前期学者的研究,本研究将从以下几方面进行改进:(1)一般均衡模型CGE变量的设定时,大多数利用CGE模型研究中假定国内能源价格为外生,测算国内能源价格波动可能对中国经济和出口贸易产生的影响,由于国内能源价格的波动受国际国内各种因素的影响,其波动具备一定的随机性,故前期学者设定能源价格波动百分比相对比较随意,难以反映实际的经济运行情况。考虑到目前中国终端能源价格还受到国家一定程度的管制,但能源价格的市场化已成为未来发展趋势,因此本研究中假定中国工业行业消费的能源价格外生是合理的,进一步测算当前国内终端能源价格相比国际终端能源价格的扭曲程度,探索中国能源价格市场化情境下,能源价格扭曲消失后可能对中国各类工业行业出口的影响。(2)从出口贸易结构的视角而言,前期研究能源价格对出口结构的影响时,主要从出口商品的类别结构出发,对各类商品出口如何应对能源价格变动提出了政策建议。因为本节研究的是能源价格对不同工业行业出口的影响,所以,按照能耗角度来划分出口行业进行研究更加合理和科学。本节首先基于出口工业行业能源强度差异,把出口工业行业划分为高、低能耗工业行业两个类别,进而模拟能源价格市场化改革不同情境下能源价格波动对高、低能耗工业行业出口的影响。(3)前期的研究中,对不同技术进步水平下能源价格对出口贸易的影响分析相对较少。由于技术进步在一定情况下可作为外生力量对经济整体的运行发展起到影响作用,故而本研究的分析中设置现有技术水平和较高技术进步水平两种不同的技术水平情境,来探讨能源价格市场化对中国高、低能耗工业行业出口的影响。

二、中国工业行业能源强度划分与能源价格扭曲测算

(一)中国高、低能耗工业行业划分

本节的高、低能耗工业行业划分方法和逻辑与第三章第三节一致,但考虑到《中国能源统计年鉴》将中国各行业的能源消耗分为47个行业、世界投入产出数据库2016年发布的中国投入产出表涉及56个行业、中国国家统计局公布的中国投入产出表涉及42个行业,需要基于这三种分类对中国各行业的分类进行交叉比对,故只能将中国各行业归类为19类,分别是:[1]农林牧渔业;[2]采矿采石业;[3]食品和烟草制造业;[4]纺织品、服饰制造业;[5]木材制造、家具制造及其他制造业;[6]造纸印刷和出版业;[7]化学工业;[8]非金属矿物制品业;[9]金属原料和合金制品制造业(机械设备除外);[10]通信设备、计算机及其他电子设备制造业;[11]机械设备制造与维护修理安装业;[12]交通运输设备制造业;[13]电力、热力和燃气的生产和供应业;[14]焦炭和精炼石油制品制造业;[15]水的生产和供应业;[16]建筑业;[17]批发零售和住宿餐饮业;[18]交通运输和仓储邮政业;[19]其他第三产业。各类商品的最终能源消耗包括通过生产过程中直接的能源消耗与中间投入品间接的能源消耗。本节运用投入产出法,基于世界投入产出数据库的中国投入产出表与《中国能源统计年鉴》的中国能源平衡表及工业分行业终端能源消费量表,先测算了2000—2014年中国19个行业最终能源消费,再依据各行业产值计算各行业能源强度。① 由于本书旨在考察能源价格扭曲消除后对高、低能耗工业行业出口的影响,因此在社会核算表中,需要将行业分类为高能耗工业行业、低能耗工业行业、能源行业(行业[13][14]),以及其他行业(行业

① 由于方法与前文基本一致,因此具体计算结果在正文中未显示。由于统计口径限制,行业划分虽然采用历年平均能源强度,但得到的高、低能耗行业与前文划分基本一致,故不影响研究结果的科学性。

[1][15]~[19])。涉及的工业行业有 11 个(行业[2]~[12]),涉及的工业行业依据其历年平均能源强度进行排序,将行业平均能源强度排在所有工业行业平均能源强度中位数之前的归类为高能耗行业(行业[9][8][2][7]),主要是采矿、化工及金属与非金属制造业,排在中位数之后的归类为低能耗行业(行业[6][11][12][10][4][5]),主要是机械和设备制造业、食品及各类生活消费品制造业。

(二)能源价格扭曲测算

Chai 等(2009)[88]和 Ju 等(2017)[89]将能源价格扭曲的计算方法分为三类:价格绝对扭曲幅度测算、价格相对扭曲幅度测算、价格动态扭曲幅度测算。由于国内外能源价格的形成机制与税赋水平并不相同,国内外能源绝对价格差异终将存在,因此本书拟测算的能源价格扭曲基于当前中国能源价格面临持续的市场化改革、国内外能源价格的波动势必将趋于一致的现实基础。在这样的背景下,测算能源价格相对扭曲与能源价格动态扭曲更具现实意义。本书借鉴扭曲测算的思想,从能源价格扭曲程度出发,改进测算方法。鉴于数据来源限制及美国能源终端市场最接近完全自由竞争市场,因此,选用美国能源价格替代国际能源价格,作为中国能源价格扭曲程度测算的参照价格。假定涉及的两个能源行业生产相对应的两类能源商品,这两类能源商品国内价格来源于历年的《中国能源统计年鉴》,国外能源价格依据美国能源信息管理局(EIA)相关数据,并根据中国各类能源消费占比加权计算而得。

1. 能源价格静态相对扭曲程度测算

能源价格相对扭曲实际上是测算两国间两类不同能源价格相对波动程度。本书以焦炭和精炼石油制品的综合价格为参照物,设中美两国这类能源的综合价格分别为 P_{1c}、P_{1a},两国电力、热力和燃气的生产和供应业综合价格分别为 P_{2c}、P_{2a}。两国两类能源的价格之比分别为$\frac{P_{2c}}{P_{1c}}$、$\frac{P_{2a}}{P_{1a}}$,

中国电力、热力和燃气的生产和供应业的综合价格相对于美国同类能源价格的相对扭曲程度为RD，则：

$$RD_{ca}=\frac{\frac{P_{2c}}{P_{1c}}}{\frac{P_{2a}}{P_{1a}}} \tag{6-1}$$

公式(6－1)的计算结果始终为正。如果计算值大于1，说明中国电力、热力和燃气的生产和供应业能源价格波动幅度与焦炭和精炼石油制品类能源价格的波动幅度相比较美国同类能源大；反之，则较美国小。本书计算2004—2015年中国能源价格扭曲程度的结果如图6－1所示。从图6－1可以发现，公式(6－1)计算结果的曲线值始终小于1，且曲线较为平稳，这说明中国电力、热力和燃气的生产和供应业能源价格波动幅度较焦炭和精炼石油制品类能源价格波动幅度与美国同类能源相比，波动幅度较小，且波动幅度差距较稳定。

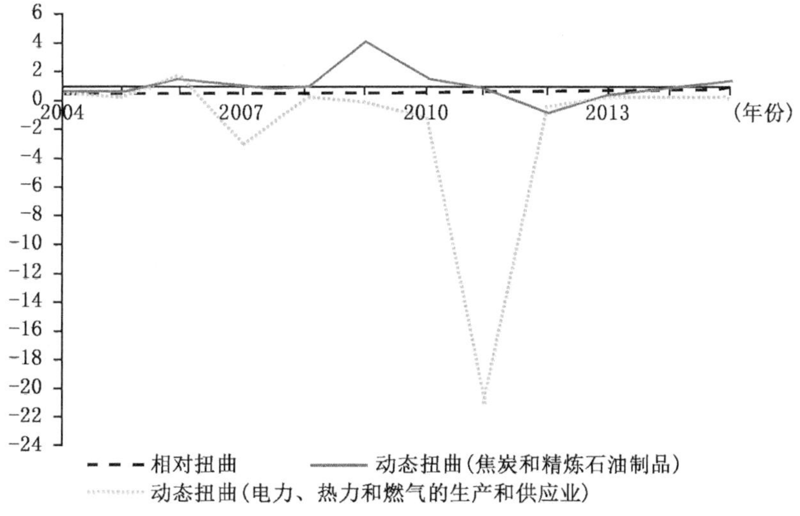

图6—1　中美能源价格扭曲趋势对比

2. 能源价格的动态扭曲程度

动态能源价格扭曲测算的是两国间同类能源较上期波动的差异程度。假设中国能源在 t 时期综合价格为 $P_{t,c}$，在 $t+1$ 时期价格为 $P_{t+1,c}$，美国相对应的价格为 $P_{t,a}$、$P_{t+1,a}$，两国能源综合价格 $t+1$ 时期与 t 时期相比为 $\frac{P_{t+1,c}}{P_{t,c}}$、$\frac{P_{t+1,a}}{P_{t,a}}$，因此，两国能源综合价格的动态扭曲程度 MD 为：

$$MD_{ca}=\frac{\frac{P_{t+1,c}}{P_{t,c}}}{\frac{P_{t+1,a}}{P_{t,a}}} \tag{6—2}$$

公式(6—2)的计算结果的绝对值如果大于 1，说明中国该类能源的价格波动较美国同类能源大；反之，则较美国小。计算值如果为正，说明中国能源价格与美国同类能源的价格波动方向一致；反之，则波动方向相反。观察图 6—1 发现，与美国相比，中国焦炭和精炼石油制品类能源价格扭曲程度，仅 2006 年、2009 年、2010 年、2015 年的绝对值大于 1，说明这 4 年焦炭和精炼石油制品类能源价格较上年的波动幅度比美国大，其余年份均比美国小。而电力、热力和燃气的生产和供应业能源价格扭曲程度则仅 2006 年、2007 年、2011 年的绝对值大于 1，其余年份值较小(小于 0.3)。同时，中国焦炭和精炼石油制品类能源价格扭曲程度仅 2012 年为负，而电力、热力和燃气的生产和供应业能源的扭曲程度则在 2007 年、2009—2012 年为负，这说明大部分年份中国能源价格的波动不论上涨或下跌小于美国能源价格波动程度，少数年份比值的绝对值大于 1，体现为能源价格波动调整的滞后性。同时，中国焦炭和精炼石油制品类能源产品的波动趋势与美国同类产品的一致性程度较中国电力、热力和燃气的生产和供应业能源产品与美国同类能源产品的一致性程度高。

上述分析结论与现实相吻合，这是因为中国焦炭和精炼石油制品类能源产品价格市场化程度较电力、热力和燃气的生产和供应业能源产品高。以成品油与电力两类能源产品为例，在调价周期方面，成品油的调价周期只有10个工作日，而煤电联动的周期不少于6个月，这是因为煤电联动尚未形成有效机制，未能像成品油价格能够较好地反映国际油价的变动趋势。在价格形成机制方面，成品油价格在竞争性领域和环节基本放开，而电力价格无论是上网环节、输配电还是销售环节，政府定价仍占据主导地位，市场化程度较低，因此，电力价格的波动幅度更小，波动趋势更独立。

三、能源价格外生的出口贸易CGE一般均衡模型构建

（一）能源价格波动与出口贸易相互作用机制及CGE一般均衡模型构建

从理论上讲，能源价格通过能源作为中间投入直接影响国内商品生产成本，从而影响商品出口的价格竞争力。其影响机制是通过成本机制，在消费者市场自由选择的综合作用下影响出口。图6—2对能源价格和商品出口的关系进行具体描述。

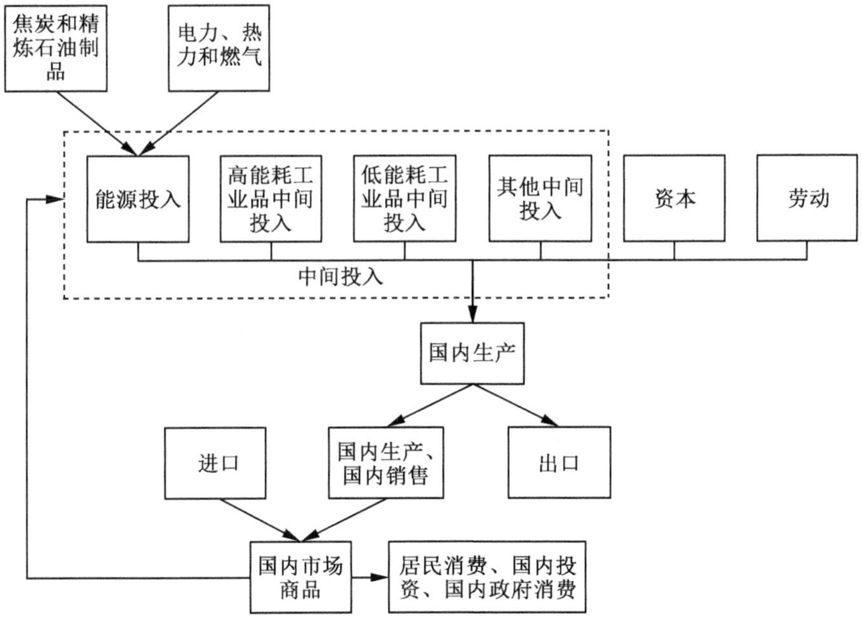

图6—2　能源与出口关系一般均衡图

图 6—2 构建了一个由 2 个工业部门、2 个能源部门、1 个其他部门组成的 CGE 静态模型。在模型结构上,CGE 模型包含生产、需求、贸易、分配和均衡 5 个模块,涉及 35 个方程组。因篇幅所限,下文仅简要介绍模型结构特点、主要假设与核心方程。

1. 生产模块

各部门产出采用由中间产品与要素投入带来的增加值组成的嵌套常替代弹性(CES)生产函数表示,其中,中间产品分为能源产品、低能耗工业品、高能耗工业品与其他中间投入。要素投入只考虑劳动力和资本。假设以生产成本最小化为目标,其中,由于中国能源价格受到政府管制,因此,能源价格假设为外生变量,其余中间产品、要素投入需求和价格均为内生变量。

各部门投入的增加值为:

$$QVA_a = a_a^{va}\left[\delta_{la}^{va} QLD_a^{\rho_a^{va}} + (1-\delta_{la}^{va}) QKD_a^{\rho_a^{va}}\right]^{\frac{1}{\rho_a^{va}}} \tag{6—3}$$

各部门要素投入的最优条件为:

$$\frac{WL(1+tval)}{WK(1+tvak)} = \frac{\delta_{la}^{va}}{1-\delta_{la}^{va}}\left(\frac{QKD_a}{QLD_a}\right)^{1-\rho_a} \tag{6—4}$$

各部门总产出为:

$$QA_a = a_a^q\left[\delta_a^q QVA_a^{\rho_a} + (1-\delta_a^q) QINTA_a^{\rho_a}\right]^{\frac{1}{\rho_a}} \tag{6—5}$$

各部门投入的最优条件:

$$\frac{PVA_a}{PINTA_a} = \frac{\delta_a^q}{(1-\delta_a^q)}\left(\frac{QINTA_a}{QVA_a}\right)^{1-\rho_a} \tag{6—6}$$

2. 需求模块

最终产品需求包括居民消费、政府消费、投资需求和出口需求。其中,居民消费是内生的,由可支配收入约束下斯通-杰瑞效用最大化(LES)函数描述,且假设边际消费倾向不变;政府支出是外生变量,投资需求包括固定资产和存货增加。

3. 贸易与价格模块

在对外贸易中，商品涉及国内生产出口部分、国内生产国内销售部分、进口商品国内销售部分。生产者将可贸易产品在出口和国内销售之间进行最优组合，以实现总产出分配利润最大化，由常转换弹性(CET)函数描述。

国内产出分配：

$$QA_a = a_a^t \left[\delta_a^t QDA_a^{\rho_a^t} + (1-\delta_a^t) QE_a^{\rho_a^t}\right]^{\frac{1}{\rho_a^t}} \tag{6-7}$$

国内产出分配优化条件 1：

$$\frac{PDA_a}{PE_a} = \frac{\delta_a^t}{(1-\delta_a^t)} \left(\frac{QE_a}{QDA_a}\right)^{1-\rho_a^t} \tag{6-8}$$

国内产出分配优化条件 2：

$$P_B(b) Q_B(b) = P_{DB}(b) Q_{DB}(b) + P_{EB}(b) Q_{EB}(b) \tag{6-9}$$

公式(6—9)描述的是已知汇率与市场出口价格的情形，此时出口商品价格是确定的，从国内生产活动价格即可推导出国内生产国内使用该商品的价格，而模型假定能源类商品国内生产国内使用价格为外生，因此，公式(6—9)中的商品类别不涵盖能源类商品。基于阿明顿(Armington)假设，消费者购买商品时，将国内市场供给中国内生产国内销售部分与进口商品国内销售部分进行最优组合，通常利用常替代弹性(CES)函数进行描述。

国内市场产品的构成：

$$QQ_c = a_c^q \left[\delta_c^q QDC_c^{\rho_c^q} + (1-\delta_c^q) QM_c^{\rho_c^q}\right]^{\frac{1}{\rho_c^q}} \tag{6-10}$$

国内市场产品构成优化条件：

$$\frac{PDC_c}{PM_c} = \frac{\delta_c^q}{(1-\delta_c^q)} \left(\frac{QM_c}{QDC_c}\right)^{1-\rho_c^q} \tag{6-11}$$

在贸易产品价格的形成机制上，为充分反映现实，进口产品遵循“小国假设”，出口方程描述中国产品出口数量与国际市场价格和进口国收入间的关系[陆文聪等(2011)[90]]。其中,出口价格由内生的国内产出和国际进口需求及外生的关税和汇率共同决定,通过设置国外 GDP 指数这一变量反映进口经济收入水平的变化对中国出口的影响。

出口方程:

$$QE_c = kPWE_c^{-\beta_c} pw_c^{\beta_c - 1} Y^{\phi_c} \tag{6—12}$$

影响出口 GDP 价格指数:

$$Y = \sum_i GDP(1 + R_{GDP_{i,j}}) / \sum_i GDP_{i,j-1} \tag{6—13}$$

出口产品价格:

$$PE_c = PWE_c(1 - tx_c)EX \tag{6—14}$$

这种假设体现作为世界最大出口国,中国出口的变化将影响市场供给,但对进口产品仍很难取得国际市场定价权。

4. 分配模块

在该模块中,政府向居民和企业征税,并将税收用于其消费支出、储蓄和转移支付。除了储蓄以外,企业和居民之间也存在收入转移支付,外汇收支的差额作为国外储蓄且内生。

5. 均衡模块

该模块遵循凯恩斯闭合的基本原则,将劳动力价格设定为外生,劳动力数量设定为内生,名义汇率设定为外生,政府消费总额和投资是外生决定的,经常账户余额设定为内生。模型均衡条件涉及产品市场均衡、要素市场均衡、储蓄与投资均衡、政府收支平衡与国外收支平衡 5 个方面。

表 6—1 汇总了上述模型主要计算公式。

表 6—1　　　能源价格外生变量的 CGE 模型主要计算公式

名　称	计算公式	序　号
各部门投入的增加值	$QVA_a = a_a^{va}[\delta_{la}^{va} QLD_a^{\rho_a^{va}} + (1 - \delta_{la}^{va}) QKD_a^{\rho_a^{va}}]^{\frac{1}{\rho_a^{va}}}$	(6—3)
各部门要素投入的最优条件	$\frac{WL(1+tval)}{WK(1+tvak)} = \frac{\delta_{la}^{va}}{1-\delta_{la}^{va}} \left(\frac{QKD_a}{QLD_a}\right)^{1-\rho_a}$	(6—4)

续表

名　称	计算公式	序　号
各部门总产出	$QA_a = a_a^q\left[\delta_a^q QVA_a^{\rho_a} + (1-\delta_a^q) QINTA_a^{\rho_a}\right]^{\frac{1}{\rho_a}}$	(6—5)
各部门投入的最优条件	$\frac{PVA_a}{PINTA_a} = \frac{\delta_a^q}{(1-\delta_a^q)}\left(\frac{QINTA_a}{QVA_a}\right)^{1-\rho_a}$	(6—6)
国内产出分配	$QA_a = a_a^t\left[\delta_a^t QDA_a^{\rho_a^t} + (1-\delta_a^t) QE_a^{\rho_a^t}\right]^{\frac{1}{\rho_a^t}}$	(6—7)
国内产出分配优化条件 1	$\frac{PDA_a}{PE_a} = \frac{\delta_a^t}{(1-\delta_a^t)}\left(\frac{QE_a}{QDA_a}\right)^{1-\rho_a^t}$	(6—8)
国内产出分配优化条件 2	$P_B(b)Q_B(b) = P_{DB}(b)Q_{DB}(b) + P_{EB}(b)Q_{EB}(b)$	(6—9)
国内市场产品的构成	$QQ_c = a_c^q\left[\delta_c^q QDC_c^{\rho_c^q} + (1-\delta_c^q) QM_c^{\rho_c^q}\right]^{\frac{1}{\rho_c^q}}$	(6—10)
国内市场产品构成优化条件	$\frac{PDC_c}{PM_c} = \frac{\delta_c^q}{(1-\delta_c^q)}\left(\frac{QM_c}{QDC_c}\right)^{1-\rho_c^q}$	(6—11)
出口方程	$QE_c = kPWE_c^{-\beta_c} pw_c^{\beta_c - 1} Y^{\phi_c}$	(6—12)
影响出口 GDP 价格指数	$Y = \sum_i GDP(1+R_{GDP_{i,j}}) / \sum_i GDP_{i,j-1}$	(6—13)
出口产品价格	$PE_c = PWE_c(1-tx_c)EX$	(6—14)

表 6—1 的公式中，a 表示所有部门，b 表示除能源部门外的部门，c 表示所有产品，d 表示除能源类产品外的所有产品，i 表示出口贸易伙伴国，j 表示年份，QVA 表示增加值，QLD、QKD 分别表示劳动与资本生产要素，WL、WK 分别表示劳动与资本价格，$tval$、$tvak$ 分别表示劳动与资本增值税率，QA 表示国内总产出，$QINTA$ 表示中间投入，PVA 表示增值部分汇总价格，$PINTA$ 表示中间投入总价格，QDA 表示国内生产国内使用数量，QE 表示出口数量，PDA 表示国产内销价格，PE 表示出口商品价格，QE 表示商品出口数量，PB 表示 b 部门国内生产活动价格，

QB 表示 b 部门总产出，PDB 表示 b 部门国产内销的价格，QDB 表示国内生产国内使用活动 b 的数量，PEB 表示国内生产商品 b 的出口价格，QEB 表示 b 出口数量，QQ 表示国内市场供应商品，QDC 表示国产内销产品数量，QM 表示进口商品数量，PDC 表示国产内销价格，PM 表示进口价格，QM 表示进口数量，PWE 表示离岸价格，PW 表示国际市场价格，Y 表示影响出口的 GDP 指数，GDP 表示国内生产总值，R_{GDP} 表示 GDP 增长率，Ex 表示汇率，tx 表示出口关税税率，a_a^{va}、a_a^q 分别表示增加值与国内产出的 CES 函数参数，δ_{la}^{va}、δ_a^q 分别表示增加值与国内产出的 CES 函数份额参数，ρ_a^{va}、ρ_a、ρ_a^t、ρ_c^q 分别表示增加值、国内产出、国内产出分配与国内市场产品构成的生产函数参数，a_a^t、δ_a^t 分别表示 CET 函数参数与函数份额参数，a_c^q、δ_c^q 分别表示 QQ 的 Armintion 函数参数与函数份额参数，k 表示出口金额，β_c 表示出口需求弹性，ϕ_c 表示出口收入弹性。本书各类弹性参数的选取参照 Zhai 和 Hertel(2015)[91]的弹性系数取值。

（二）社会核算矩阵的构建与数据来源

以上模型计算的实现基于中国社会核算表。模型的计算以中国 2012 年 42 个部门的投入产出表为基础，将 42 个部门整理合并成 5 个部门：[1]高能耗工业制品行业、[2]低能耗工业制品行业、[3]其他行业、[4]焦炭和精炼石油制品制造业、[5]电力、热力和燃气的生产和供应业。假设每个活动生产单一商品，因此，商品账户与活动账户相同。要素账户包括资本账户与劳动账户。机构账户包括家庭账户、企业账户和政府。由于本节研究旨在模拟能源价格市场化后对出口的影响，所以没有对家庭和企业进一步细分。构建中国能源价格的社会核算表 SAM 的数据除了来源于中国 2012 年投入产出表外，还来源于历年的《中国统计年鉴》《中国财政年鉴》。当经济达到均衡时，社会核算矩阵中任意部门的支出列总和与收入的行总和应该相同，但由于编制社会核算表的数据来源不同，使得各部门的列总和与收入的行总和并不相等，需要进行社会核算矩阵调整，目前双边比例法（RAS 法）和交叉熵法（CE 法）是调整社会核算矩阵最常用的两种方法，本书采用双边比例法对 SAM 进行调整。

四、中国能源价格市场化对高、低能耗工业行业出口的影响分析

本书的分析是以美国作为能源价格市场化的参考国，假设中国能源价格市场化后，中国历年能源价格波动程度应与美国相同。本书结合研究目标，假设两种不同情境，并将能源价格市场化后的波动数据纳入一般均衡模型进行分析，具体影响结果如表 6—2 所示。

表 6—2　　能源价格市场化对高、低能耗工业行业出口影响　　单位：千万元

	行业类型	市场化前	市场化后	百分比变化
情境一	高能耗工业行业	174 153	169 409	—2.72
	低能耗工业行业	877 856	864 917	—1.47
情境二	高能耗工业行业	174 153	178 406	2.44
	低能耗工业行业	877 856	889 734	1.35

情境一：现有技术水平条件下，在相对能源扭曲消除后，即中国电力、热力和燃气相较于焦炭和精炼石油制品的波动程度与美国同类能源商品的波动程度相同，即 2012 年中国电力、热力和燃气价格应在原有价格基础上向上波动 18.1%。

情境二：现有技术水平条件下，在动态能源价格扭曲消除后，即中国电力、热力和燃气相较于焦炭和精炼石油制品的波动程度与美国同类商品相同，即 2012 年中国焦炭和精炼石油制品与电力、热力和燃气的价格分别较原有价格下跌 3.41%与 13.59%。

在一般均衡模型中，生产函数假定为 CES 生产函数，见公式（6—5），商品的生产效率由 A 表示，而 A 又由生产资本—劳动替代弹性 $\varepsilon=\frac{1}{1-\rho_\alpha}$决定。由于本书将技术进步视为外生变量，但考虑到能源价格与生

产活动中的节能技术进步之间的内生关系，这一设定具有一定的局限性，为了考察更高的技术进步水平下能源价格市场化对中国不同能耗工业行业出口的影响，本书做了情境三、情境四的假定。

情境三：由于中国综合实力发展，未来商品的生产技术水平势必不断进步。为测量方便，书中假定未来中国技术水平与美国相当，参照余恩(Yuhn)(1992)[92]、克勒母(Klump)等(2007)[93]等文献对美国 CES 生产函数资本-劳动弹性替代的计算结果，设定中国资本-劳动替代弹性，同时能源价格变动保持与情境一相同。

情境四：技术进步的幅度与情境三的假设相同，能源价格变动与情境二的假设相同。

按照情境三、情境四两种不同假设前提，进一步运用 GAMS 模拟能源价格变动对中国高、低能耗工业行业出口的影响，具体影响结果如表 6—3 所示。

表 6—3　　能源价格市场化对高、低能耗工业行业出口的影响　　单位：千万元

	行业类型	市场化前	市场化后	百分比变化
情境三	高能耗工业行业	174 153	171 416	－1.57
	低能耗工业行业	877 856	869 420	－0.96
情境四	高能耗工业行业	174 153	176 528	1.36
	低能耗工业行业	877 856	885 344	0.85

从上述模拟结果可以发现，假定中国能源价格市场化后，能源价格无论是向上或向下波动幅度都将可能加剧。无论是在现有技术水平下，还是在高技术进步水平下，能源价格向上波动将会导致中国的工业行业整体出口减少，其中对于高能耗工业行业的出口抑制影响程度要远大于低能耗工业行业。相反，无论是在现有技术水平下，还是在高技术进步水平下，能源价格向下波动将会导致中国的工业行业整体出口增长，其中对于高能耗工业行业的出口推动影响程度要远大于低能耗工业行业。

对比情境一、情境三中不同能耗工业行业出口下降的幅度，发现情境三高能耗工业行业出口变化率为情境一的 57.7%，低能耗工业行业情境三为情境一的 65.3%。这说明技术进步后，能源价格向上波动相同幅度时，高能耗工业行业的出口规模较现有技术水平下减少的幅度要小，且减少的幅度小于低能耗工业行业。对比情境二、情境四可以发现类似结论，即处于高技术进步水平下，能源价格向下波动，高能耗工业行业出口规模较现有技术水平下增加的幅度小，且增幅也小于低能耗工业行业出口规模。这意味着整体经济发展处于较高的技术进步水平下，能源价格市场化波动对高能耗工业行业和低能耗工业行业的出口冲击幅度都比当前技术进步水平小。

五、结论与政策启示

现阶段中国能源价格市场化的深化改革是大势所趋，未来能源价格的走势将对出口贸易产生影响，尤其是对高、低能耗的工业行业会有一定的差异化影响。研究结论表明，中国能源价格市场化后，无论是价格上涨或价格下跌，能源价格波动幅度在很大概率上都将扩大化，相比较于低能耗工业行业的出口，能源价格的剧烈波动将对高能耗工业行业出口的影响更为明显。为了保障中国出口贸易的稳定持续发展，继续发挥出口贸易对中国经济增长的拉动作用，基于上述研究结论分别从优化不同能耗出口行业结构角度和提升出口能耗处理技术水平两方面得出政策启示。

首先，在能源价格机制的改革上，应当坚持谨慎渐进的原则，分能源品种进行价格市场化，同时根据能源品种消费的比例，对其中重点能源品种的价格机制改革的推进应该基于经济基本面稳定的大前提进行，改革的步伐应当宜缓不宜急，给予出口贸易有更多的反应和调整时间。与此同时，中国对于整体出口贸易的发展战略应该改变对低价格能源要素依赖的传统发展思维，多方面、多角度构建新的出口贸易竞争优势点。

其次，在出口贸易行业结构方面，为顺应当前供给侧结构性改革，政府应推行合理产业政策，对于低能耗工业行业出口，可以用财政政策给予适当激励。对于部分依赖高耗能取得出口优势的企业，政府应敦促、鼓励企业从生产、创新等角度出发，改变不同能耗行业的生产结构，从而减少对高能耗工业行业出口的依赖。这样，在未来能源价格市场化后，一方面可以提升中国能源资源使用效率，另一方面可以降低能源价格剧烈波动对整体出口贸易的负面影响。

最后，在高技术进步水平下，能源价格波动对出口的影响冲击较小。政府在鼓励创新上要下大力气，实现整体经济的技术创新推动。由于能源价格对节能技术存在内生推动，政府应切实采取各种政策扶持和鼓励企业加大技术研发力度，提升能耗处理技术水平，以提高能源使用效率。尤其是在能源价格上涨的情况下，引导企业节能技术水平的提升会很有效地减少中国高、低能耗行业出口对能源要素价格优势的依赖，从而避免能源价格市场化后能源价格波动对出口贸易产生较大的冲击。

第二节　当前背景下中国高、低能耗行业对外直接投资对出口贸易的替代——基于中美数据的研究

当前伴随着中国“走出去”战略的实施，中国对外投资增长迅速，从2002年中国建立对外投资数据统计开始至2016年，中国对外直接投资(OFDI)增长近72倍，2015年中国对外直接投资首次超过中国吸引外资，步入资本净输出阶段，且在世界对外直接投资流量最多的国家中排名第二，仅次于美国。在中国OFDI飞速增长过程中出现了一个非常特别的现象，即美国成为中国对外直接投资的热点目标。从2008年以来，中国对美直接投资额出现了年年翻倍增加的现象，2016年中国对美直接投资占对外投资总额的8.7%，位居中国对外直接投资资金流向国家或地

区的第一位。其中，中国对美 OFDI 的行业中，制造业投资又占据首位①。2018 年金融危机后，美国大力重振制造业，实施“再工业化”，推行“国家制造创新网络”计划，其核心在于制造业“高端化”与创新。根据李媛等(2017)[94]的研究结果，美国制造业整体竞争力远超中国，在这样的背景下，到底是什么因素驱动中国制造业对美直接投资的急剧增加？一国企业对外直接投资的动因可以归类为：市场寻求型、自然资源寻求型、战略资产寻求型、效率寻求型。能源是制造业重要的生产资料之一，同时又是中国相对匮乏的自然资源。根据杭雷鸣等(2011)[13]的测算，2007 年能源成本在中国出口额中的比重高达 21.2%，而以原油为例，根据 EIA 统计，中国已探明原油储备仅占世界的 1.6%。鉴于能源生产要素的特殊性及其对制造业的重要性，中国在“十三五”规划曾提到，中国要实施制造强国战略，同时推进资源集约利用，控制能源消费总量。驱动中国对美制造业 OFDI 大量增长的动因是否与能耗因素相关？因此，基于能源视角探索影响中国制造业对美 OFDI 的因素，对于中国未来通过 OFDI 对出口贸易进行替代，实现高、低能耗行业出口结构调整优化具有重要的政策启示。

一、文献综述

现在已有大量文献就中国企业 OFDI 的影响因素进行了探索，研究的角度主要可以归纳为两个基本方面：动因与能力。

(1)基于动因角度。学者们关注的焦点在于到底何种因素驱动中国企业到东道国投资。研究得出的结论并不一致，科尔斯塔德(Kolstad)和威格(Wiig)(2012)[95]、杨(Yang)等(2017)[96]等利用中国对不同国家 OFDI 投资驱动因素实证研究，发现无论东道国制度是否缺失，中国企业对发展中国家的 OFDI 具备典型的自然资源寻求型特征。黄宪等

① 2016 年中国对美制造业 OFDI 的比重达中国对美 OFDI 总额的 35%。

(2018)[97]基于中国对 98 个国家的投资数据研究发现,中国 OFDI 具备由自然资源寻求型向市场寻求、效率寻求和战略资源寻求转变的特征。王班班等(2017)[98]建立能源成本与行业 FDI 实证模型,估计了能源成本对外商直接投资相对规模和绝对规模的影响,发现碳价格升高将导致高能耗行业 FDI 相对和绝对规模下降,非高耗能行业 FDI 相对和绝对规模的上升,能耗成本是 OFDI 影响因素之一。

(2)基于能力角度。学者们关注的焦点集中于企业自身能力与母国制度因素。斯托伊安(Stoian)和莫尔(Mohr)(2016)[99]结合邓宁的投资发展周期理论(IDP)与制度理论,探索中国母国制度因素对 OFDI 的影响,研究发现母国制度因素加入使得模型的显著性水平大幅提高。劳(Lau)等(2010)[100]利用了 3 000 多家公司的数据,实证研究发现中国企业对外投资取决于公司特定的因素,如公司的规模、所有权、出口密集度和国际化的经验。王(Wang)等(2012)[101]结合制度理论、产业组织理论和企业资源观理论,基于中国企业层面 OFDI 数据进行回归分析,发现母国政策支持、母国产业结构、公司内部人力资本对中国 OFDI 起到关键作用。陈(Chen)(2015)[102]基于邓宁的投资发展周期理论(IDP),利用中国省际面板数据发现各省经济发展水平、创新和技术水平及出口占 GDP 的比重是中国 OFDI 的重要决定因素。冀相豹等(2015)[103]从微观企业层面实证分析发现,企业新产品研发能力、融资约束程度、出口强度及母国制度环境都是影响中国 OFDI 的重要因素。

纵观上述研究,多数的角度是基于一个或多个对外直接投资理论,结合中国实际情况,从动机和能力两方面选取具备中国特色的影响因子,考察中国对多个国家 OFDI 的影响因素。能源是制造业重要的生产要素之一,对国民经济发展具有极其重要的作用,但是目前鲜有从能源视角出发全面分析中国 OFDI 影响因素的研究。这具体体现在三个方面:(1)现有研究多以某一类国家为研究对象,如"一带一路"沿线国家或者发达国家,而对于某个具体国家的研究较少。美国是中国当前投资最重要的目的地之一，研究中国对美投资的影响因素更具现实指导意义。(2)现有研究多数从国别层面或企业微观层面展开，基本没有从行业角度进行思考，从而导致从行业能耗角度出发的研究相对较少，而已有研究得出的结论中也缺乏对高、低能耗制造业 OFDI 的针对性指导。(3)现有研究涉及能源要素时，基本仅从能源储备或能源绝对价格差异展开，并未对基于当前中国能源领域的特殊性进行思考。中国能源领域的特殊性因素也有三个：第一，中国能源价格形成机制始终受到政府管制，国内外能源价格始终存在差异化波动，这将使得国内、国际能源价格的相对差异才是中国制造业 OFDI 对外获取能源要素时真正考虑的因素。第二，中国为加快改善生态环境，实行了具备自身特色的能源税收政策，而不同国家间差异的能源税收政策也可能影响制造业生产成本，从而成为中国 OFDI 的驱动因素。第三，中国要实现能源消费总量的控制，势必追求更先进的能耗技术，先进能耗技术的获取也可能成为中国制造业 OFDI 的动因之一。如果忽略能源因素对中国制造业 OFDI 的影响，那分析得出的结论就必然有一定的局限性。

有鉴于此，本节在前期文献的基础上，基于行业数据从能源视角分析中国对美国制造业 OFDI 的影响因素，具体边际贡献体现为：分析中美两国能源相对价格差异(即两国能源价格波动幅度的差异)、能耗技术差距与能源税赋差异如何影响中国高、低能耗制造业对美国的 OFDI。

二、能源要素视角下中国对美国 OFDI 的影响因素与机理分析

(一)理论基础

在新古典理论分析框架中，资本为了更高的回报率倾向于从资本密集型的发达国家流向发展中国家。卢卡斯(Lucas)(1990)[104]拓展了这个理论框架，资本的流动与新古典理论的假设是一致的，资本的流动受到资本市场效率和制度的影响。新古典主义的模型为：

$$Y_i = A_i K_i^{\alpha} N_i^{\beta} L_i^{1-\alpha-\beta} \tag{6-15}$$

式中，Y 代表产出，A、K、N 和 L 分别代表技术、资本、自然资源和劳动力。决定一国企业是否投资的根本原因在于投资回报率，假设投资回报 r 等于边际产出，即：

$$r_i = MPK_i = \alpha A_i \left(\frac{K_i}{L_i}\right)^{\alpha-1} \left(\frac{N_i}{L_i}\right)^{\beta} = \alpha A_i k_i^{\alpha-1} n_i^{\beta} \tag{6-16}$$

上述分析并未考虑制度因素，而根据制度基础理论（IBV），制度质量是影响一国 OFDI 区位选择的重要因素。达乌德（Daude）和斯坦（Stein）（2010）[105]指出，东道国不稳定的制度将导致投资低效率及回报的不确定性。贺娅萍（2018）[106]等通过实证发现，东道国制度环境与中国投资正相关。基于上述原因，企业的投资回报拓展公式为：

$$r_i = MPK_i = \alpha(1-\tau_i) A_i \left(\frac{K_i}{L_i}\right)^{\alpha-1} \left(\frac{N_i}{L_i}\right)^{\beta} = \alpha(1-\tau_i) A_i k_i^{\alpha-1} n_i^{\beta} \tag{6-17}$$

其中，τ_i 为东道国的制度对投资的负面影响，一国制度越差，τ_i 值越大。

可见，投资回报 r_i 与技术 A_i、人均可获得的自然资源 n_i 正相关，与资本密度 k_i、制度负面性 τ_i 负相关。技术、自然资源、资本、制度通过影响企业投资回报率从而影响企业是否在一国投资。其中，自然资源在不同企业的生产过程中作为中间投入千差万别，能源是自然资源在生产过程中使用最普遍的生产要素。而企业能耗技术一定程度上也体现了企业技术水平的高低。基于能源要素在生产过程中的重要性，从能源要素角度考察自然资源与技术这两个因素对 OFDI 的影响具备一定的合理性。

（二）能源要素影响中国制造业对美国 OFDI 的机理分析

能源因素通过能源相对价格、能源赋税、能耗技术等作用于企业成本，影响企业边际收益，最终影响 OFDI 决策，具体机制如图 6—3 所示。

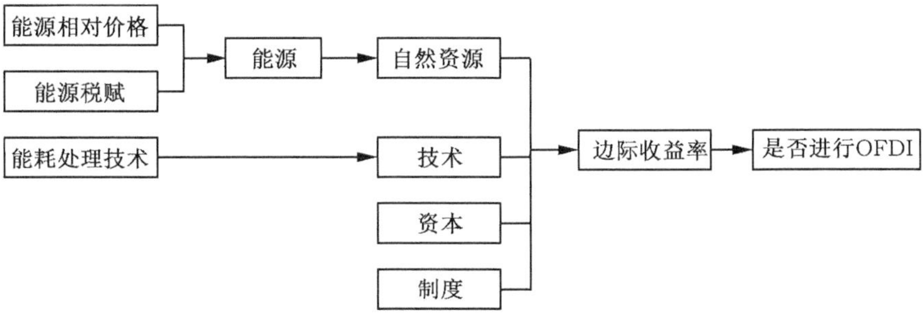

图 6—3　能源相对价格影响 OFDI 的机制路径

首先,两国能源相对价格将通过成本机制影响商品生产成本和运输成本,从而影响一国商品生产的边际收益。由于中美两国能源价格形成机制不同,因此中国虽然一直在致力于能源价格机制改革,但是主要能源品种目前仍属于政府管制定价,从而导致与美国的能源价格波动存在一定的差异。第一章中的图 1—1 显示以前一年为基期,中美两国工业部门购进能源价格指数的波动情况。从图 1—1 中可以发现,虽然中美两国的能源价格波动趋势趋于一致,但是无论能源价格上涨或下跌,中国能源价格的波动幅度绝大多数年份小于美国能源价格波动幅度。这意味着中国能源价格波动对商品生产成本与运输成本影响小于其对美国商品成本的影响,即对于企业而言,商品能源成本在中国国内生产成本的构成中更为稳定,对企业生产成本冲击预期更小。由此提出假设一:**两国能源相对价格抑制中国对美制造业 OFDI。**

其次,影响一国商品生产的能耗成本除了能源价格外,还包括政府的能源税收政策,能源税收通过成本渠道直接影响企业的边际收益。由此提出假设二:**当中国能源税赋大于美国时,有利于促进中国对美国制造业 OFDI;反之,则抑制中国对美国制造业 OFDI。**

再次,能耗技术水平越高,意味着相同的能源使用量可以发挥更高的能源使用效率,从而节约成本、提高边际收益。因此,两国能源利用技术差异间接影响商品的生产成本。由此提出假设三:**中国能耗技术落后于美国时,两国能耗技术差距是驱动中国对美国制造业 OFDI 的因素之一;反之,则抑制中国对美国制造业 OFDI。**

三、中国制造业对美国 OFDI 影响因素的实证分析

(一)变量说明

1. 被解释变量

被解释变量为中国各制造业对美国 OFDI,衡量指标为中国对美国投资各制造业的流量。根据美国经济分析局(BEA)公布的统计数据,中国对美国 OFDI 的制造业分别为:食品、化学、原生金属和加工金属、机械、计算机和电子产品、电气设备电器及零部件、交通运输设备和其他制造业。在此基础上,本书根据第六章第一节的方法,将制造业分为高、低能耗制造业。由于历年直接投资数据中少数为负数或零,为使对外直接投资的流量对数化可行,本书参考布塞(Busse)等(2007)[107]的建议,利用公式 $\ln[OFDI+(OFDI^2+1)\times 1/2]$对直接投资流量进行对数转换。

2. 核心解释变量

(1)两国能源相对价格(ENP)。本书以中美两国当期能源价格较上期价格波动幅度之比衡量两国能源要素价格相对波动。

(2)两国能源税赋差异(TAX)。由于中美两国税收制度不同,因此中美两国能源税收划分不同。为了便于比较,本书以 OECD 发布的环境相关税赋进行替代。本书测算两国能源税赋差异时,以中美两国环境税赋率之比衡量两国能源税赋水平差异。

(3)两国能耗技术差异(TEC)。行业能源消费密度直接体现一国能源使用的技术水平。如果一国某行业能源强度更低,就意味着该国在该行业更具能耗技术优势。因此,本书以中美两国各制造业能源强度之比表示两国各行业能耗技术水平相对差距。各行业能源强度的获得是以行

业总能耗与行业总产出之比计算而得，即以两国各行业能源强度替代两国各行业能源使用技术水平。中美两国能源强度之比越大，意味着中国能耗技术越落后于美国。

3. 其他控制变量

根据前文理论分析可知，除能源因素外，东道国各行业资本密度、制度都将影响企业的投资回报。鉴于本节研究对象为中国制造业对美OFDI，而两国间影响投资回报率的因素又都直接影响OFDI，因此上述变量将以两国相关因素的差距进行衡量。除此之外，为尽可能减少遗漏变量内生性影响，本书将选取东道国市场规模、中国各制造业对美出口、汇率以刻画行业自身特点及增加相应的宏观控制变量。

(1)两国资本密度差异(CAP)。资本密度体现各行业总资本与就业人数之比。布雷纳德(Brainard)(1993)[108]指出，更高的资本密度意味着更高的市场规模经济与研发效率。资本密度越高，越有可能通过扩大市场规模促进规模经济的发挥。此外，行业层面规模经济发展也有助于降低产品的平均研发成本，进而促进研发效率的提升。因此，资本密度可能成为中国对美 OFDI 的驱动因素之一。由于缺乏美国各行业总资本数据，因此本书计算资本密度时，以行业固定净资本替代行业总资本。在实证回归中，利用中美两国人均资本密度之比体现两国人均资本密度相对差异。

(2)两国制度差异(INT)。本书以两国经济自由度指数①之比代表两国制度差异。

(3)美国各制造业规模(SC)。根据资源基础(RBV)理论，巴克利(Buckley)(2009)[109]提出寻求东道国的市场资源是企业 OFDI 首要考虑的因素。本书以美国各行业的产值衡量市场规模。一般情况下，各行业的市场规模越大，企业对其 OFDI 的可能性就越大。

---

① 经济自由度指数包含四个方面：法治情况、政府规模、管理效率、市场开放度。

(4)中国各制造业对美出口(EX)。蒙代尔(Mundell)(1957)[110]的投资与贸易替代理论认为,在一定的限制条件下投资能够实现对商品贸易的替代。张(Zhang)(2001)[111]研究发现企业可以利用之前出口贸易在东道国积累的经验对其进行 OFDI。中国各制造业对美国出口贸易额越大,意味着中国各制造业在美国市场的渗透程度越深,相应地,中国进行 OFDI 可能性也提升。本书以中国各制造业对美国出口额对该指标进行衡量。

(5)汇率(EXR)。弗鲁特(Froot)等(1991)[112]提到汇率可能通过"成本效应"与"财富效应"影响一国对外直接投资。这意味着由于我国企业到某国或某地区投资后,需要在当地购买原材料、人力资本等生产资料,因此汇率波动将显著影响企业在当地生产经营所支付的成本。同时,考虑到企业可能将其生产的产品在当地销售,未来所创造的利润可能汇回母国,因此汇率变化也较易影响企业的盈利性。除此之外,企业对外投资时会等待一个最有利的汇率水平,汇率持续波动会影响企业对外直接投资的时点,因此,本书在控制变量中将考虑汇率因素。为了更客观地衡量汇率对 OFDI 的影响,本书剔除了两国价格变动,考察实际汇率对 OFDI 的影响。

上述变量涵盖的时间范围为 2002—2016 年。这是由于中国从 1999 年才实施"走出去"战略,OFDI 起步较晚,中国对美国 OFDI 行业数据从 2002 年开始才具备可获得性。对于某些变量个别统计值缺漏,本书利用线性插值法补齐。各变量的数据来源见表 6—4。

表 6—4　　被解释变量与解释变量数据说明

变量类型	变量名称	衡量指标	数据来源
被解释变量	中国各制造业对美 OFDI	中国各制造业对美 OFDI 流量	美国经济分析局(BEA)

续表

变量类型	变量名称	衡量指标	数据来源
核心解释变量	两国能源相对价格	中美两国能源价格波动幅度之比	中国经济数据库(CEIC)、美国能源信息署(EIA)
	两国能耗税赋差异	中美两国环境税赋率之比	经济与合作发展组织(OECD)
	两国能耗技术差异	中美两国各制造业能源强度之比	《中国能源统计年鉴》、国际能源署(IEA)
行业控制变量	美国各制造业规模	美国各制造业产值	美国经济分析局(BEA)
	两国资本密度差异	中美两国资本密度之比	中国经济数据库(CEIC)、美国经济分析局(BEA)、美国劳工部(BLS)
	中国各制造业对美出口	中国各行业对美国出口额	中国经济数据库(CEIC)
宏观控制变量	汇率	美元对人民币实际汇率	国际货币基金组织(IMF)
	两国制度差异	中美两国经济自由度指数之比	《华尔街日报》
替代变量	美国能源丰裕程度	美国能源出口占总出口比重	美国经济分析局(BEA)

(二)分析方法

1. 多重共线性检验

在正式分析前,通过变量间的方差膨胀因子(*VIF*)检验解释变量是否存在多重共线性问题(见表 6—5)。检验结果显示,平均 *VIF* 值为 2.36,汇率的 *VIF* 值最大,为 3.77,但也小于 10,由此确认不存在多重共线性。

表 6—5　　方差膨胀因子

变量	*ENP*	*TEC*	*TAX*	*CAP*	*INT*	*SC*	*EX*	*EXR*
VIF 值	1.23	3.67	2.47	2.07	1.92	2.46	1.27	3.77

2. 模型设定与回归方法选定

基于上述分析，将回归模型设置如下，其中，X 为一系列控制变量：

$$\ln(OFDI)_t = c + \beta_1 \ln(ENP)_t + \beta_2 \ln(TAX)_t + \beta_3 \ln(TEC)_t + \sum \beta_i \ln(X)_{it} + \mu_t \tag{6-18}$$

由于本模型所涵盖的数据属于长面板数据，因此，考虑使用面板标准误（PCSE）或者广义最小二乘估计（FGLS）。具体使用哪种方法需要判定是否存在组间异方差、组间自相关或组间同期相关。不同样本的检验结果见表6—6。

表6—6　　组间异方差、组间自相关、组间同期相关检验结果

名称	组间异方差检验	组间自相关	组间同期相关
总体样本	chi2(8)=27.15 Prob>chi2=0.000 7	F(1,7)=26.648 Prob>F=0.001 3	chi2(28)=36.517, Pr=0.129 9
高能耗样本	chi2(4)=18.62 Prob>chi2=0.000 9	F(1,3)=3.961 Prob>F=0.140 6	chi2(6)=11.025, Pr=0.087 6
低能耗样本	chi2(4)=9.65 Prob>chi2=0.046 7	F(1,3)=43.061 Prob>F=0.007 2	chi2(6)=9.901, Pr=0.128 9
加入替代变量的总体样本	chi2(8)=16.93 Prob>chi2=0.030 9	F(1,7)=27.697 Prob>F=0.001 2	chi2(28)=35.851, Pr=0.146 4

以上检验结果所有样本均强烈拒绝“组间同方差”假设，认为该模型数据存在组间异方差。只有高能耗样本接受“不存在组间自相关”的原假设，其余样本均拒绝该假设。同样，仅高能耗样本拒绝“无组间同期相关”假设，其余样本均接受该假设。因此，可以认定除高能耗样本外，其余样本均存在组间异方差和组间自相关，即高能耗样本存在组间异方差和组间同期相关。为消除上述相关性影响，所有样本均可以采用全面的FGLS估计方法进行估计。回归结果如表6—7所示。

表 6—7　　变量回归结果

变量	全样本	高能耗行业	低能耗行业
ENP	−0.172 750 8* (0.092 18)	−0.346 292 2* (0.235 65)	0.540 936 3 (0.302 92)
TAX	−1.365 554*** (0.465 07)	−5.197 342*** (1.225 52)	4.414 51*** (1.418 67)
TEC	3.650 826*** (1.319 19)	1.623 272* (2.142 14)	10.635 56*** (2.076 81)
CAP	2.336 559** (0.961 26)	0.628 509 4 (1.882 67)	6.596 265*** (2.246 40)
INT	48.94 105*** (6.847 5)	70.899 78*** (20.914 87)	38.066 93* (15.823 09)
SC	−9.323 091*** (2.220 0)	−6.055 075 (3.851 66)	−9.510 01** (4.516 78)
[*SCR*]	0.045 892 3 (0.063 953)		
EX	2.433 749** (1.143 24)	2.512 516 (2.694 10)	1.279 557*** (2.665 49)
EXR	1.151 675 (2.823 37)	19.867 27 (7.842 54)	−28.256 26*** (7.393 13)

注：*、**、*** 分别表示在10%、5%、1%水平下显著，估计系数下括号内为标准误。[*SCR*]为 *SC* 替代解释变量，当使用[*SCR*]内解释变量进行回归时，其他解释变量的系数正负值并未改变，故结果不再一一报告。

（三）实证结果

1. 两国能源相对价格（*ENP*）

由回归结果发现，中美能源相对价格波动抑制中国制造业整体对美国 OFDI，说明中国当前的能源价格机制有效保护了生产过程中能源成本的波动，相较于到美国投资，减少能源成本的不确定性，使得中国企业对能源成本可以预期，这将避免中国制造业因为能源价格原因到美国 OFDI，结论与假设一相吻合。对于高、低能耗制造业而言，能源相对价格对高能耗制造业的回归结果与总样本回归结果一致，而其对低能耗制造业的影响为正但不显著，这主要是因为能源成本在低能耗制造业中成本占比相对较低，因此，能源相对价格并不是低能耗企业对美 OFDI 考虑的主要因素。

2. 两国能源税赋差异（*TAX*）

由回归结果发现，中美两国能源税赋差异抑制中国制造业对美 OFDI。虽然中国越来越重视环境保护，但与发达国家环保水平仍存在差距。根据本书测算，在研究期间中国环境税赋水平呈先上升后下降趋势，中国能源税赋水平由 2002 年 GDP 占比 0.7%上升到 2010 年的 1.42%，之后一路下降至 2016 年的 0.69%。而美国的环境税赋水平则从 2002 年 GDP 占比 1.16%逐年下降到 2016 年的 0.7%。在中国对美国制造业 OFDI 额急剧增长期间（2008—2019 年），中国整体平均环境税赋仍低于美国水平，这意味着目前中国能源税赋成本绝对值仍低于美国，从而抑制中国制造业对美 OFDI，这样的结论符合假设三，即中国能耗税赋小于美国时，抑制中国制造业对美国 OFDI。本书中的两国能源税赋差异对高能耗制造业 OFDI 的影响与总体样本基本一致，原因同样在于高能耗制造业相应承担了更多的能源税收负担，能源税收成本最终将转换为生产成本。而能源税赋差异对低能耗行业的影响却与总样本回归结果不一致，两国能源税收差异反而促进低能耗制造业 OFDI，这是由于中国高、低能耗行业的能源强度差距极大，在研究期间高能耗行业平均能源强度至少为低能耗的 12 倍。这说明能源税收成本占低能耗行业成本比重相较于高能耗行业极小，而且美国的税负成本相对于中国当前水平还处于下降阶段，这在某种程度上也体现了美国优惠的税收政策，故能源税收政策差异反而促进中国低能耗行业对美国 OFDI 是可以解释的。

3. 能耗技术差异（*TEC*）

本节的回归中使用能源强度替代能耗处理技术。根据计算，中国能源强度较美国同类行业越大，意味着能耗技术较美国落后。回归结果显示，中国较美国的能耗技术差距越大，就越能促进中国制造业到美国 OFDI。这说明中国制造业对外投资中能耗技术是其考虑的重要因素之一。这是源于美国制造业研发投入与技术含量极高。以 2017 年为例，制造业仅占美国 GDP 的 17.9%，但却使用美国 2/3 的 R&D 资金，制造业中的发明专利占美国发明专利 90%以上。中国制造业通过在美国 OFDI 可以获得当地先进技术的外溢，提升能源使用效率，从而减少生产过程中的能耗成本，实证结论与假设二一致。中美能耗技术差距对高、低能耗的回归结果与总样本一致，再次说明中国制造业对美 OFDI 具体强烈的技术寻求动机。

4. 资本密度差异（*CAP*）

根据回归结果，中美两国资本密度差异是吸引中国制造业到美 OFDI 的重要因素。这一方面是由于美国发展高端制造业，"高端化"与创新都以效率提升为根本着力点，以技术创新与资本投入取代人力投入起了关键作用，而效率提升使美国制造业进入了"高资本—高产出—低用工"的新阶段[①]；另一方面是由于美国各制造业的资本密度不论是平均水平还是增速始终大于中国，而美国资本丰裕，长期低利率政策又使得其制造业的高资本密度可以维持。[②] 因此，中美资本密度差异驱动中国企业到美 OFDI 是源于美国高效的资本使用效率及资本的丰裕性。

5. 经济制度差异（*INT*）

从回归结果可以看出，不论是总样本还是高、低能耗制造业分样本，两国经济制度差异是中国制造业对美国 OFDI 的重要动因。

6. 市场规模（*SC*）

市场规模系数为负，且全样本与高、低能耗制造业的子样本均通过了显著性检验。这样的结果表明，中国对美国制造业 OFDI 并非基于其市

---

① 根据美国经济分析局（BEA）和美国劳工部（BLS）的数据计算，2016 年美国制造业剔除价格因素后总产出较 2002 年增长 34.3%，而同期用工反而下降 19%。

② 在研究期间，以制造业整体为例，中国平均资本密度与美国平均资本密度之比由 2002 年的 0.31 降到 2016 年的 0.2 倍。可见，美国制造业资本密度高于中国，且资本密度增速也快于中国。以银行同业隔夜拆借利率为例，在研究期间，美国平均为 1.37%，中国则为 2.20%。

场规模。这主要可以归因为美国制造业市场规模庞大、激烈竞争，而当前中国制造业自身竞争力仍与美国同行业存在一定差距。因此，美国市场规模并非中国企业投资时考虑的主要因素。考虑到企业可能更注重未来市场发展机会与潜能（以行业增长率 *SCR* 替代），本书对变量进行重新估计，以衡量进入美国制造业投资市场潜在机会对中国制造业 OFDI 的影响。回归结果显示，回归系数为正，但并未通过显著性检验。这说明虽然美国市场潜在机会对中国制造业有正向影响，但市场潜在机会仍不是中国制造业投资着重考虑的要素。回归结果再次支持当前中美制造业之间竞争力存在较大差距，美国制造业未来市场潜力并未能成为真正吸引中国制造业 OFDI 要因的观点。

7. 中国各制造业对美国出口（*EX*）

全样本与高、低能耗制造业的子样本回归均体现中国对美制造业出口促进对美 OFDI，且通过了显著性检验。这表明中国各制造业对美国的大量出口是中国 OFDI 的前提与基础，通过对美出口可以提前了解及巩固美国市场，为深入美国市场进行 OFDI 做准备。

8. 汇率（*EXR*）

汇率在各类样本中的回归结果并不一致，甚至不显著，这说明汇率在中国制造业对美 OFDI 影响方面并不显著。这可能是由于中国对美国直接投资的井喷时期出现在 2011 年以来，此间国家的汇率政策相对稳定，人民币兑美元的汇率相对可以预期，因此，对企业长期投资而言汇率因素未成为中国企业 OFDI 时考虑的主要因素。

（四）稳健性检验

为了检测能源在中国制造业对美国 OFDI 中所扮演的角色，利用美国能源丰裕程度（*NR*）（以能源出口占美国总出口比重进行表示）替代两国能源相对价格与两国能耗税赋差异，以探索中国对美 OFDI 是否具备能源寻求型特征。回归结果（见表 6－8）显示：美国能源资源回归系数为负，且不显著，其余变量回归结果除出口因素不显著外，均与之前回归结果类似。这样的结果再次印证作为重要生产要素之一的能源并非是中国制造业对美国投资时考虑的首要因素，能耗技术差异、资本密集度差异与中美经济制度差异才是真正促进中国制造业对美国 OFDI 的主要动因。

表 6—8　　稳健性回归结果

变量	回归结果
NR	−0.065 259 1 (0.982 542 4)
TEC	4.407 178*** (1.305 103)
CAP	3.089 868*** (0.923 149 6)
INT	50.182 46*** (7.365 093)
SC	−7.635 987*** (1.797 883)
EX	1.055 017 (1.046 42)
EXR	−1.532 369 (3.879 65)

注：*** 表示在 1%水平下显著，估计系数下括号内为标准误。

四、结论与政策启示

本书基于能源要素视角分析中国制造业对美国 OFDI 的影响因素。研究结果发现，中美能源相对价格波动、能源税收差异、美国行业规模等因素抑制中国对美国制造业 OFDI，两国能耗技术差异、资本密度差异、经济制度差异、中国对美国出口促进中国制造业对美国 OFDI。从不同能耗行业来看，能源相对价格波动、能源税赋对高能耗行业 OFDI 影响与对总体样本的影响一致。但这两个因素对低能耗行业 OFDI 并未显示明显抵制作用。从影响效应大小来看，经济制度因素的影响效应远超其余因素。其余因素的影响效应由大到小排列依次为：市场规模、能源技术、出口市场依赖程度、资本密度、能源税赋水平、能源相对价格。以上结论说明，中国当前能源价格机制抑制了中国制造业特别是高能耗制造业对美国OFDI，同时，中国制造业对美国OFDI具备制度导向型、资本寻求型及技术驱动型的特征。当前中国经济发展进入新常态，OFDI对于中国实施供给侧结构性改革具有重要意义，通过OFDI可以实现“稳增长、调结构、促改革”的目标。通过OFDI还可以促进国内经济结构改革转型，同时一系列相关政策的推出可以反向促进中国OFDI的稳步发展。基于前文研究结论和当前国家发展的战略诉求，本书得出以下政策启示：

首先，在能源价格机制与能源税收制度上，现有能源价格机制虽然能在一定程度上缓冲企业生产成本的波动，通过能源价格机制和能源税收制度带来的企业能源成本优势也可以形成企业在国际竞争中的优势，但同时也导致了企业对这一机制的依赖，没有积极主动“走出去”的积极性。未来从能源市场的建设而言，能源价格机制应坚持市场化改革方向，能源税收调节机制应以调控“节能减排”为改革目标，在具体的改革措施推进上，为避免过快的政策调整带来的冲击，应坚持渐进式改革原则，如此施策实施有利于国内制造业企业通过OFDI向其他国家寻求发展资源和机会，尤其是高能耗制造业的“走出去”，将在一定程度上有助于缓解高能耗行业出口贸易发展对能源的过度依赖，从根本上对高、低能耗行业出口结构调整找到替代思路。

其次，当前相对稳定的能源价格使国内制造业企业在节能技术提升上的压力还不够，致使能耗技术与美国存在较大的差距。通过节能技术的投入不仅能实现企业生产中能源成本的减少，更有助于企业获取核心竞争力。一方面，企业具有节能技术创新能力使其具备化解由于能源价格波动带来的成本压力的基础，另一方面，企业不断提升自身技术创新能力，既避免了对能源成本优势的依赖，也提升了其通过OFDI进入美国等国际市场过程中的技术吸收能力，从而形成国内制造业技术创新与

OFDI 技术吸收相互促进的良性循环。此外，中国政府应将提升经济制度质量与鼓励技术创新的工作结合在一起，打造一个良好的技术创新环境，具体措施包括加强对知识产权的保护、加大对技术侵权问题的打击、形成低端技术的退出机制等。如此施策可以达到对高能耗、低技术出口行业的抑制效应，鼓励低能耗、高技术出口行业的发展，实现整体出口结构的优化。

最后，出口贸易发展是推动 OFDI 扩张的基础，但是在当前的国际贸易领域冲突日益增多的背景下，一味地强调扩大出口容易引起更多的贸易争端。中国必须基于目前中美贸易争端不断的现实情况，强调提升中国出口贸易质量，通过相应的财政与税收政策引导和鼓励“优质过剩”产能“走出去”，尤其是传统高能耗出口行业的“走出去”。这既可以提升中国制造业对外高质量的增长，也可以优化国内高、低能耗行业出口结构。如此施策不仅可以缓解当前贸易方面争端带来的经济冲击，更能长期实现中国利用国际资源拉动经济稳定增长。

第三节　中国高、低能耗行业出口结构优化调整的对策建议

基于本书的研究目标和前文的研究结论及其政策启示，本节将研究在能源相对价格背景下如何进行能源价格机制改革，以推动中国高、低能耗行业出口结构的调整优化，进而实现节能减排、出口结构优化及产业质量提升等多重战略目标。本节将产业政策、出口贸易政策与能源政策结合起来，形成协同互动的对策建议（见图 6—4），并进一步分别从产业政策、出口贸易政策和能源政策三个角度提出具体可行的对策建议。

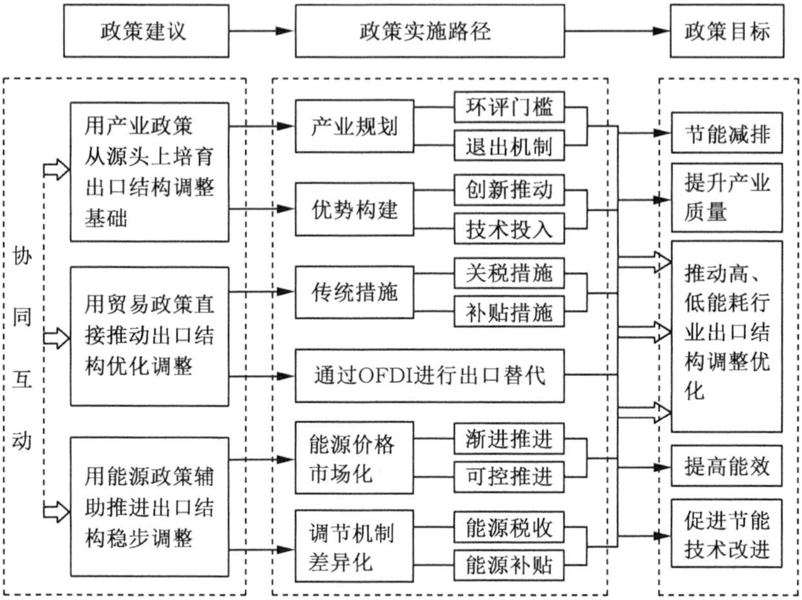

图 6—4　产业政策、贸易政策和能源政策协同互动作用机理

一、优化高、低能耗行业出口结构的产业政策建议

首先，要用产业政策从源头上培育出口结构调整基础。要坚持贯彻供给侧结构性改革，转变长期以来单纯追求经济规模增长的发展思维，把提升产业发展质量放在第一位。通过制定合理的产业发展规划，将高能耗、高排放、低附加值的产业规模不断压缩，支持低能耗、低排放、高附加值的产业发展。对现存的高能耗、高排放、高污染的行业推行严格的退出机制，强化环境评估在产业进入中的门槛作用，加强对新的高能耗行业企业的扩张控制。利用税收工具进行行业成本调节，迫使部分技术落后、能耗过高的行业退出市场；对低能耗行业中的优质产业，要进行更大力度的政策支持，包括财政补贴、税收优惠政策倾斜等，引导这些行业扩大发展优势。进一步利用差异化的税收和补贴政策引导高、低能耗行业间的结

构调整和行业内的结构调整，发掘优化结构减少能源消耗的潜力。要通过行政措施和经济措施并举的方式推行产业政策，从而对出口结构的基础进行优化。如果高能耗行业被限制发展，低能耗、有潜力产业转型升级成功，高、低能耗行业出口结构就将随之调整。

其次，根据迈克尔·波特经典钻石理论的结论，一个国家要想真正实现兴盛，必须拥有强大的竞争优势，而这种竞争优势的来源便是创新，通过创新可以实现国家的制造业升级，而创新的根本是科技投入和人才积累。因此，未来中国应在充分发挥劳动密集型行业现有比较优势的基础上，继续加快产业转型步伐，加大对行业的科技投入，对于目前不具备产业竞争优势的低能耗行业应力争尽快实现在国际分工中由垂直分工向水平分工的转变，通过国际合作研究、共同开发等方式获得关键知识产权，以期实现产业附加值增加和出口竞争力提升。从高、低能耗的产业角度而言，应在促进低能耗、竞争力具有优势的行业发展的同时，扩大高能耗、竞争力具有劣势的行业引进外商直接投资的力度，从而促进国内相关产业发展。在维持高能耗产业竞争力水平的同时，要通过增加政府投入构建企业与科研机构合作平台，鼓励相关企业重视培养和引进高科技人才，提升行业人力资源水平，为创新提供良好条件。产业竞争优势决定行业出口比较优势，通过差异化的产业竞争优势的构建，形成高、低能耗行业在出口比较优势上的调整，由此引导出口结构优化。

二、推动高、低能耗行业出口结构优化的出口贸易政策建议

首先，通过政府的出口贸易发展评价机制转变推动出口结构调整。改变长期以来单纯以出口规模增长作为贸易发展成绩唯一评价指标的现状，建立多元化的出口贸易发展评价指标体系，将单位出口增加值指标、单位出口引致能耗指标和单位出口技术密集水平指标等都纳入对出口贸易发展的评价体系中。从政策的引导角度而言，这有利于各地方政府在发展出口贸易的工作中，有意识地发展高附加值、高技术密集型、高发展

性价比、低能耗的出口行业，放弃高能耗、高排放、高污染的出口行业，形成国家在政策引导出口结构调整上的战略共识。与此同时，鼓励出口企业与政府和科研机构合作，加大技术研发力量的投入，实现中国整体出口行业的技术水平提升，促进出口质量的改进，尤其是要营造出有利于出口企业技术创新的政策和法律环境，这将从根本上对中国高、低能耗出口行业结构调整起到推动作用。

其次，采取主动且有针对性的差异化贸易政策来调整高、低能耗行业出口，以实现出口结构的优化。要结合国家供给侧结构性改革战略，加强对高能耗落后行业生产、运输和销售的限制，从而实现出口限制，尤其是对高能耗、低附加值的行业，贸易政策应以限制和控制为主，采取收取出口关税、进行出口配额限制和进行出口许可制度等手段进行出口约束，与此同时可以加强此类行业的进口政策支持，对国内产业进行直接替代。对于由于行业的特殊性无法做到控制发展的行业，重点在于加强引导技术改造和升级工作，鼓励企业进行技术革新，实现行业自身的能耗水平控制；对于低能耗高附加值的出口行业，由于属于贸易政策重点出口扶持对象，因此应在出口政策上予以倾斜，通过出口补贴、出口退税、出口奖励等方式强化发展条件的综合支持。从战略性贸易政策角度而言，国家还应积极培育未来具有全球战略竞争力的出口行业，尤其是能耗低、效益高的高性价比行业，着眼长远，形成有利于长期发展优势的高质量出口结构。

最后，要运用政策引导中国企业对外经济合作模式升级，实现高能耗行业对外直接投资替代出口贸易。在通过能源价格市场化的改革推进倒逼外向型企业进行节能技术创新的同时，要推动企业转变对外经济合作模式。政府要从贸易政策上引导具备良好发展条件的高能耗行业出口企业，逐步将国际合作方式由简单的出口贸易方式转变为对外直接投资方式，尤其是传统高能耗制造业企业，通过推动其“走出去”，转向利用国际资源，实现国内更高层级的出口结构优化。这不仅在一定程度上有助于缓解国内经济发展对能源的过度依赖，还将从根本上打破中国出口贸易发展中受到的瓶颈制约，有利于推动实现国内企业通过对外直接投资开拓国际市场、利用国际资源的战略目标。建议政府从创造有利于中国企业对外直接投资所需要的内外部条件着手，在国内为外向型高能耗企业提供更多的对外直接投资优惠政策，在目标国创造更好的外部条件吸引中国的高能耗企业“走出去”，最终达到通过企业国际竞争方式的升级来实现国内高、低能耗出口结构的调整和优化的战略目标。

三、辅助推动出口结构优化为目标的能源政策建议

首先，要逐步放松政府在能源价格形成过程中的管制，推进能源价格形成的市场化，实现能源要素成本的市场化调节，这样就必然形成推动高、低能耗行业出口结构调整的市场力量。从优化出口结构角度而言，能源价格机制改革应更多地采取主动性措施，进行高、低能耗出口行业的结构优化调整需要一个循序渐进的过程，尤其是高、低能耗出口行业的竞争优势的转变，需要企业在能源价格的引导下逐步完成，企业必须拥有足够的时间和空间进行产业转型和战略调整。这就要求在实现能源价格市场化的同时还要继续维持价格相对稳定，在推进能源价格机制市场化改革的同时，逐步提升市场调控机制对能源价格稳定的调节效率。要逐步发挥能源税收和能源补贴的市场调节功能和市场控制功能，保证在能源价格机制市场化推进后能源税收和能源补贴等手段的有效性和灵活性，结合中国高、低能耗出口行业的发展阶段的特点和现实需要，合理地设计差异化的能源税收税种、征收范围、征收方式，采取差异化的补贴方式、补贴额度、补贴期限等来稳定和引导高、低能耗出口行业结构的优化，促进不同能耗行业出口竞争优势的形成。

其次，创造有利于高、低能耗出口结构调整的能源环境。通过扩大国内能源市场供给来源，保障能源市场供求稳定。国内方面，继续坚持培育多元化的能源市场竞争主体，形成行业的良性竞争模式，让能源价格形成由市场决定的同时，又不会因价格市场化后导致能源市场的无序竞争和

市场垄断。国际方面，从能源供给与需求的市场范围上进行国际拓展，便于中国形成更加坚实的能源价格稳定基础。稳定的能源市场供求环境可以为出口结构的调整提供稳定的能源价格支持。同时强化政府在能源行业价格形成中的监管职能，确保能源价格的透明有效。能源市场的复杂性和价格形成的多变性，使能源价格形成的监管显得尤为重要。结合出口结构调整的战略诉求，能源价格的逐步市场化既会导致原有的能源要素优势逐步丧失，又会合理引导高、低能耗出口行业的优势转变，而严格监管下的能源价格市场化可以在保证为高、低能耗出口行业的结构优化提供推动力的同时，最大限度地弱化其对整体出口贸易优势的冲击，避免产生系统性的风险。

第七章　研究总结与展望

传统的贸易理论已经指出要素价格差异对出口贸易影响的内在逻辑，只是从能源要素的视角分析相对较少。由于国内外能源价格形成机制的差异导致能源相对价格的客观存在，因此能源要素成本的差异必然对不同行业的出口产生影响，尤其是对不同能耗水平的出口行业。本书正是在这个视角下展开研究，力图有所发现。

由于能源问题的复杂性使得研究中的很多概念难以统一，因此本书首先对能源价格等相关概念进行合理界定。在此基础上，本书采用非竞争型投入产出法对中国各出口行业的能耗水平进行测算并依据行业出口能源强度高低进行排序，划分中国高、低能耗出口行业，并分别从高、低能耗行业出口贸易规模发展情况，高、低能耗行业出口相对于美国的竞争力情形和高、低能耗行业的出口质量演变几个角度来剖析当前中国出口贸易发展及存在的问题。继而从不同能耗视角对中国出口贸易结构进行深入分析，进而找到中国出口贸易发展中存在的深层次问题。

本书的核心部分主要构建了一般均衡理论分析框架来阐述国内外能源相对价格如何影响一国高、低能耗行业的出口，继而分别从能源相对价格对中国高、低能耗行业的出口规模、出口质量的影响等角度进行理论和实证研究，所得出的结论对当前中国出口贸易政策的制定和能源政策的制定都具有一定的现实参考价值。

为了探索改革措施以实现节能减排和出口贸易升级双重战略目标，

本书还研究了通过能源价格机制改革推动中国高、低能耗行业出口结构优化问题。首先，本书进行了能源价格机制改革对中国高、低能耗出口行业影响的模拟，设计了两种不同技术水平条件下的两种能源价格市场化方案，并分别测算这四种情境下能源价格波动可能对中国高、低能耗工业行业出口的差异化影响。其次，本书进行了能源相对价格对中国对美国直接投资的影响问题分析，探索在能源相对价格的情形下利用 OFDI 实现出口贸易替代的客观条件及可行性，从能源要素视角分析了中国对美国 OFDI 的影响因素及其机理，并进一步利用 2002—2016 年中国 8 个制造业对美国直接投资的面板数据，通过全面 FGLS 实证检验了中国制造业对美国 OFDI 的影响因素。最后，基于前文的研究结论并结合当前国际国内经济发展和能源问题背景，本书对当前中国的能源价格机制改革以推动高、低能耗出口结构调整优化提出对策建议。

本书虽然进行了诸多研究，但还存在一些不足，因此未来可从以下三个方面继续开展研究：(1)受制于数据的可获得性和处理上的难度，目前对企业层面的探讨还存在局限，因此希望未来能在大数据分析技术的支持下进行微观层面的研究挖掘与拓展。(2)受制于数据的可获得性，目前贸易对象国只选择了美国，希望未来能够选择更多的比较对象，使研究更具科学性和全面性。(3)鉴于目前世界范围内国际贸易格局的变化和贸易保护主义抬头的趋势，希望未来将研究的视角拓展到如何利用能源价格机制实现中国出口贸易在全球价值链分工中的地位攀升等方面。

附　录

附录一　　图 1—1 的原始数据

年份	中国工业生产者购进价格指数:燃料、动力类	美国工业部门平均能源价格指数
2000	100	124.855 5
2001	100.2	107.098 8
2002	100.1	91.498 56
2003	107.4	118.267 7
2004	109.7	112.916 1
2005	115	122.641 5
2006	111.9	109.423 1
2007	104.26	104.920 9
2008	120.6	121.105 5
2009	89.2	78.215 77
2010	116.29	107.869 1
2011	110.8	112.786 9
2012	100.867 7	90.479 65
2013	96.601 8	101.204 8
2014	97.084	102.698 4
2015	88.655 3	75.966
2016	95.6	91.251 27

附录二　　图 3—1 的原始数据

年份	总能耗（亿吨标准煤）
2000	3.254 757
2001	3.275 804
2002	4.631 469
2003	5.169 36
2004	6.886 821
2005	8.171 673
2006	9.491 673
2007	10.124 78
2008	10.332 52
2009	8.396 422
2010	9.628 285
2011	10.051 49
2012	9.992 03
2013	10.914 45
2014	11.005 62

附录三

图 3—2 的原始数据

年份	电力、燃气、蒸汽和热力供应业	非金属矿物制品业	金属原料和合金制品制造业（机械设备除外）	焦炭和精炼石油制品制造业	采矿采石业	化学工业	造纸印刷和出版业	机械设备维护修理安装业	交通运输设备制造业	通信设备、计算机及其他电子设备制造业	纺织和服饰制造业	木材制造、家具制造及其他制造业	食品和烟草制造业	农林牧渔业
2000	0.315 78	0.241 69	0.269 80	0.336 52	0.257 91	0.194 84	0.122 86	0.122 39	0.129 37	0.106 47	0.083 76	0.096 46	0.081 34	0.062 83
2001	0.278 54	0.245 76	0.252 32	0.301 16	0.242 78	0.185 21	0.114 31	0.115 16	0.119 75	0.097 93	0.083 83	0.090 95	0.078 28	0.061 05
2002	0.281 75	0.277 58	0.273 10	0.280 05	0.244 69	0.205 31	0.126 59	0.134 61	0.139 75	0.116 53	0.104 37	0.105 50	0.111 28	0.080 04
2003	0.302 15	0.270 15	0.249 40	0.273 33	0.245 33	0.180 05	0.114 38	0.112 39	0.105 43	0.087 82	0.087 60	0.075 61	0.071 53	0.057 75
2004	0.268 21	0.286 53	0.230 63	0.244 53	0.213 26	0.171 82	0.117 32	0.107 16	0.104 30	0.082 27	0.086 97	0.084 84	0.066 60	0.052 80
2005	0.236 84	0.241 28	0.215 20	0.198 38	0.174 92	0.158 05	0.114 78	0.104 95	0.100 00	0.081 10	0.084 19	0.076 82	0.063 25	0.050 48
2006	0.209 16	0.199 60	0.196 78	0.165 49	0.149 15	0.144 59	0.103 85	0.094 41	0.089 18	0.073 62	0.078 78	0.067 08	0.057 83	0.046 49
2007	0.172 74	0.155 46	0.167 26	0.131 22	0.130 08	0.122 19	0.087 07	0.078 94	0.073 42	0.062 24	0.067 24	0.055 54	0.047 44	0.037 78
2008	0.165 03	0.143 67	0.136 34	0.107 06	0.103 18	0.101 22	0.079 03	0.065 92	0.063 08	0.056 00	0.056 15	0.050 01	0.037 87	0.027 79
2009	0.168 74	0.132 75	0.147 52	0.117 00	0.114 27	0.100 87	0.074 51	0.066 12	0.061 63	0.059 34	0.052 65	0.048 56	0.036 45	0.027 48
2010	0.159 13	0.121 23	0.131 28	0.089 43	0.096 41	0.086 77	0.066 80	0.056 62	0.052 37	0.049 05	0.046 00	0.045 07	0.030 68	0.024 11
2011	0.140 21	0.101 34	0.108 58	0.074 95	0.078 92	0.075 99	0.057 67	0.048 02	0.045 76	0.042 93	0.039 47	0.038 62	0.026 03	0.021 06
2012	0.130 31	0.092 91	0.101 80	0.074 72	0.079 29	0.073 02	0.053 22	0.045 98	0.043 57	0.040 41	0.036 43	0.035 62	0.023 71	0.019 61
2013	0.125 77	0.096 79	0.104 35	0.075 27	0.078 10	0.075 19	0.053 92	0.046 91	0.043 21	0.041 31	0.038 23	0.036 92	0.025 54	0.020 43
2014	0.111 59	0.090 73	0.099 18	0.071 38	0.068 95	0.073 00	0.050 45	0.044 54	0.040 81	0.039 70	0.035 50	0.035 28	0.024 16	0.019 33

附录四　　　　　　　　图 4—1 的原始数据

年份	中国前向出口增加值(百万美元)	美国前向出口增加值(百万美元)
2000	82 302.58	284 472.95
2001	80 226.55	274 460.22
2002	90 800.73	278 236.3
2003	120 729.3	315 542.46
2004	163 992.7	372 902.46
2005	198 028.2	435 999.32
2006	236 804.9	501 458.91
2007	270 173.5	571 464.92
2008	322 726.5	585 623.93
2009	270 486.5	472 058.62
2010	354 759.8	608 694.23
2011	427 524.9	672 313.92
2012	412 148.3	694 618.75
2013	425 888.7	669 372.35
2014	499 021.4	681 667.59

附录五　　　　**图 4—2 的原始数据**

年份	NRCA1	NRCA3	NRCA4	NRCA5	NRCA14
2000	1.578 62	1.537 46	1.129 64	1.203 09	2.589 69
2001	1.570 46	1.531 66	1.131 1	1.206 64	2.573 14
2002	1.561 6	1.515 6	1.117 68	1.193 79	2.676 17
2003	1.590 03	1.533 84	1.122 41	1.201 5	2.647 32
2004	1.616 54	1.550 16	1.136 31	1.214 47	2.679 33
2005	1.649 49	1.578 42	1.141 45	1.231 95	2.651 98
2006	1.618 81	1.604	1.154 1	1.248 02	2.711 46
2007	1.649 42	1.644 09	1.169 26	1.257 71	2.709 1
2008	1.606 76	1.654 25	1.184 56	1.270 54	2.701 29
2009	1.560 02	1.646 56	1.175 25	1.264 59	2.582 75
2010	1.598 55	1.665 89	1.189 81	1.281 01	2.604 08
2011	1.583 14	1.681 54	1.202 55	1.292 18	2.677 55
2012	1.619 69	1.686 76	1.193 91	1.284 88	2.688 66
2013	1.606 7	1.679 94	1.194 25	1.283 1	2.660 01
2014	1.625 21	1.675 4	1.195 39	1.285 57	2.716 96

附录六

图 4—3 的原始数据

年份	NRCA2	NRCA6	NRCA7
2000	1.132 9	0.760 91	1.236 76
2001	1.092 04	0.758 23	1.231 94
2002	1.206 76	0.750 23	1.226 97
2003	1.183 73	0.745 6	1.215 46
2004	1.145 72	0.740 28	1.219 42
2005	1.116 61	0.740 23	1.173 71
2006	1.112 6	0.739 97	1.162 42
2007	0.979 32	0.743 48	1.161 21
2008	0.985 51	0.738 05	1.160 61
2009	1.063 14	0.742 27	1.160 77
2010	0.977 96	0.741 27	1.169 31
2011	0.972 23	0.737 13	1.142 51
2012	1.042 98	0.730 51	1.131 41
2013	1.004 99	0.730 61	1.127 98
2014	0.968 65	0.727 9	1.133 76

附录七 **图 4—4 的原始数据**

年份	高能耗行业	低能耗行业
2000	1.121 29	0.908 34
2001	1.113 6	0.913 84
2002	1.113 58	0.914 16
2003	1.110 56	0.916 49
2004	1.111 38	0.915 84
2005	1.112 01	0.915 2
2006	1.109 9	0.916 81
2007	1.106 82	0.918 72
2008	1.106 99	0.917 81
2009	1.095 31	0.927 39
2010	1.090 54	0.930 67
2011	1.090 8	0.930 15
2012	1.095 77	0.927 04
2013	1.088 03	0.932 54
2014	1.085 89	0.934 12

附录八　　　　图 5—1 的原始数据

时间	工业生产者购进价格指数：燃料、动力类	IMF 国际能源月度价格指数
1997M1	111.06	45.41
1997M2	112.53	40.58
1997M3	109.78	38.46
1997M4	111.25	36.07
1997M5	109.9	38.55
1997M6	108.83	36.14
1997M7	110.31	36.62
1997M8	109.63	37.36
1997M9	108.64	37.43
1997M10	108.84	39.56
1997M11	108.26	37.81
1997M12	106.86	34.39
1998M1	105.87	30.75
1998M2	101.45	29.28
1998M3	100.73	27.61
1998M4	100.3	27.70
1998M5	98.41	28.55
1998M6	98.4	26.16
1998M7	95.75	26.37
1998M8	95.72	25.66
1998M9	95.69	27.87
1998M10	96.96	26.79
1998M11	96.79	24.57
1998M12	96.36	22.08
1999M1	95.38	23.44

续表

时间	工业生产者购进价格指数:燃料、动力类	IMF 国际能源月度价格指数
1999M2	94.33	22.47
1999M3	95.26	25.81
1999M4	96.09	30.44
1999M5	98.09	31.26
1999M6	99.36	31.54
1999M7	100.25	35.58
1999M8	101.35	38.19
1999M9	103.11	41.70
1999M10	107.09	41.81
1999M11	104.64	44.95
1999M12	110.32	46.25
2000M1	113.2	47.46
2000M2	114.09	50.64
2000M3	115.69	51.39
2000M4	116.45	45.30
2000M5	111.93	51.36
2000M6	114.18	55.62
2000M7	115.15	53.61
2000M8	117.76	55.80
2000M9	117.56	60.39
2000M10	118.13	59.81
2000M11	116.7	61.34
2000M12	113.5	51.48
2001M1	110.04	52.31
2001M2	105.9	53.42
2001M3	104.3	49.94

续表

时间	工业生产者购进价格指数:燃料、动力类	IMF国际能源月度价格指数
2001M4	102.7	51.03
2001M5	104.4	53.78
2001M6	103.2	52.81
2001M7	100.8	48.70
2001M8	98.8	50.10
2001M9	98.1	48.52
2001M10	96.7	41.25
2001M11	94.7	37.44
2001M12	94.1	36.92
2002M1	94.3	37.58
2002M2	95.5	38.96
2002M3	96.1	45.06
2002M4	98.2	47.93
2002M5	100.3	48.46
2002M6	100.1	46.38
2002M7	99.8	48.62
2002M8	100.7	49.65
2002M9	101.8	52.34
2002M10	102.6	51.79
2002M11	105.7	47.40
2002M12	107.2	52.53
2003M1	110.2	57.77
2003M2	113.4	62.02
2003M3	114.4	57.35
2003M4	112.6	49.59
2003M5	107.5	50.55

续表

时间	工业生产者购进价格指数:燃料、动力类	IMF国际能源月度价格指数
2003M6	105.2	53.51
2003M7	105	54.44
2003M8	104.6	56.27
2003M9	104.5	51.97
2003M10	103.9	55.40
2003M11	103	55.84
2003M12	104.7	57.96
2004M1	104.1	60.35
2004M2	102.9	60.34
2004M3	102.8	64.60
2004M4	104.2	65.38
2004M5	106	72.01
2004M6	109.4	69.39
2004M7	111	73.40
2004M8	111.9	79.73
2004M9	114	78.63
2004M10	116.7	87.84
2004M11	118.3	80.19
2004M12	115	75.26
2005M1	112.6	81.68
2005M2	113.1	83.88
2005M3	115.5	94.58
2005M4	117.6	95.06
2005M5	118.9	90.45
2005M6	116.2	100.11
2005M7	115.6	104.96

续表

时间	工业生产者购进价格指数：燃料、动力类	IMF国际能源月度价格指数
2005M8	116.4	114.21
2005M9	115.8	114.72
2005M10	114.9	110.14
2005M11	112	103.71
2005M12	111.76	106.51
2006M1	117.7	115.73
2006M2	117.79	111.73
2006M3	116.72	113.64
2006M4	112.38	125.61
2006M5	111.81	126.57
2006M6	114.1	126.02
2006M7	113.05	132.83
2006M8	112.38	132.01
2006M9	110.91	115.67
2006M10	106.9	108.96
2006M11	104.02	109.79
2006M12	104.29	114.28
2007M1	104.56	102.36
2007M2	102.48	109.21
2007M3	101.7	114.09
2007M4	102.11	121.10
2007M5	102.47	121.49
2007M6	101.81	126.74
2007M7	102.07	135.17
2007M8	102.8	130.01
2007M9	101.85	140.45

续表

时间	工业生产者购进价格指数:燃料、动力类	IMF 国际能源月度价格指数
2007M10	104.21	150.53
2007M11	109.85	166.68
2007M12	115.17	164.70
2008M1	115.67	168.58
2008M2	117.7	176.27
2008M3	119.02	188.85
2008M4	121.24	202.30
2008M5	120.97	226.24
2008M6	124.9	243.39
2008M7	130.14	249.40
2008M8	130.85	217.46
2008M9	129.02	192.02
2008M10	124.57	146.68
2008M11	113.18	113.70
2008M12	99.38	91.55
2009M1	92.62	94.95
2009M2	89.11	89.70
2009M3	87.28	93.64
2009M4	86.25	97.05
2009M5	85.53	109.78
2009M6	84.34	127.94
2009M7	83.9	119.83
2009M8	83.03	130.44
2009M9	85.68	124.74
2009M10	87.51	134.81
2009M11	94.98	140.82

续表

时间	工业生产者购进价格指数:燃料、动力类	IMF 国际能源月度价格指数
2009M12	110.48	137.84
2010M1	119.31	143.74
2010M2	125.44	139.30
2010M3	125.61	146.29
2010M4	123.98	155.22
2010M5	123.43	141.62
2010M6	119.52	140.14
2010M7	112	139.75
2010M8	110.22	141.35
2010M9	108.25	141.95
2010M10	108.85	151.33
2010M11	109.76	157.12
2010M12	109.14	167.13
2011M1	108.74	173.30
2011M2	108.93	181.53
2011M3	109.89	198.75
2011M4	111.6	212.57
2011M5	111.67	199.95
2011M6	111.97	196.65
2011M7	112.56	200.92
2011M8	112.7	189.65
2011M9	112.29	190.45
2011M10	111.33	189.22
2011M11	109.28	197.22
2011M12	108.36	195.28
2012M1	106.65	199.69

续表

时间	工业生产者购进价格指数:燃料、动力类	IMF 国际能源月度价格指数
2012M2	106.01	208.65
2012M3	105.13	216.98
2012M4	103.39	210.62
2012M5	101.62	194.23
2012M6	100.02	172.47
2012M7	98.29	181.19
2012M8	97.38	194.79
2012M9	98.18	196.48
2012M10	98.52	191.02
2012M11	98.42	187.80
2012M12	97.55	188.46
2013M1	97.44	194.33
2013M2	97.12	198.68
2013M3	96.82	190.63
2013M4	95.15	184.44
2013M5	94.43	184.52
2013M6	95.08	184.85
2013M7	96.63	192.26
2013M8	97.4	196.77
2013M9	96.98	198.10
2013M10	97.14	192.95
2013M11	97.4	188.91
2013M12	97.78	194.31
2014M1	97.99	188.98
2014M2	97.62	192.90
2014M3	96.91	190.84

续表

时间	工业生产者购进价格指数：燃料、动力类	IMF 国际能源月度价格指数
2014M4	97.3	192.16
2014M5	97.98	193.36
2014M6	98.67	197.20
2014M7	98.95	190.80
2014M8	98.41	182.94
2014M9	97.22	175.77
2014M10	96.17	159.70
2014M11	94.79	145.33
2014M12	92.97	119.24
2015M1	90.1	96.74
2015M2	88.01	108.30
2015M3	88.53	104.16
2015M4	88.83	108.68
2015M5	89.06	116.25
2015M6	89.4	113.96
2015M7	88.94	102.76
2015M8	88.2	89.06
2015M9	87.7	89.26
2015M10	87.6	89.75
2015M11	88.5	83.09
2015M12	89	72.64
2016M1	89.3	60.61
2016M2	90	62.07
2016M3	89.6	71.50
2016M4	90.6	76.33
2016M5	91.7	84.74

续表

时间	工业生产者购进价格指数:燃料、动力类	IMF 国际能源月度价格指数
2016M6	92.8	88.03
2016M7	93.8	83.45
2016M8	95	84.91
2016M9	98.1	85.58
2016M10	101.8	94.19

参考文献

[1]Rasche R. H. ,Tatom J. A. The Effects of the New Energy Regime on Economic Capacity,Production,and Prices[J]. *Review*,1977,59(5):2—12.

[2]Barro R. J. Rational Expectations and Macroeconomics in 1984[J]. *American Economic Review*,1984,74(2):179—182.

[3]Balke N. S. ,Stephen P. A. ,Brown,Mine K. Yücel. Oil Price Shocks and the U. S. Economy:Where Does the Asymmetry Originate? [J]. *The Energy Journal*,2002,23(3):27—52.

[4]韩民春,樊琦. 国际原油价格波动与我国工业制成品出口的相关关系研究[J]. 数量经济技术经济研究,2007,24(2):64—72.

[5]杨建辉,潘虹. 国际原油价格、人民币实际汇率与中国宏观经济研究[J]. 系统工程理论与实践,2008,28(1):1—8.

[6]唐丽,程开明. 国际油价对进出口冲击的传导机制:基于人民币汇率视角的实证分析[J]. 区域金融研究,2010(11):81—85.

[7]胡光辉,孟艳莉,张玉柯. 国际石油价格波动对中国外贸的影响:理论综述与实证分析[J]. 贵州财经大学学报,2013(3):104—110.

[8]Abimanyu Y. Oil Price,Government Revenue,Export Value,and Economic Growth:Indonesia's Case [J]. *Kajian Ekonomi and Keuangan*,2016,20(3):214—230.

[9]Backus D. K. ,Crucini M. J. Oil Prices and the Terms of Trade[J]. *Journal of International Economics*,2000,50(1):185—213.

[10]Kim I. ,Loungani P. The Role of Energy in Real Business Cycle Models[J]. *Journal of Monetary Economics*,1992,29:173—190.

[11]Faria J. R. ,André V. M. ,Albuquerque P. H. ,et al. The Effect of Oil Price

on China's Exports[J]. *China Economic Review*,2009,20(4):1—805.

[12]杨迎春,岳咬兴．国内外能源相对价格、技术进步与出口规模增长[J]. 世界经济研究,2010(10):41—45.

[13]杭雷鸣,孙泽生等．国际商品价格波动与中国出口贸易的能源成本:一个实证分析[J]. 经济理论与经济管理,2011(2):17—23.

[14]杨迎春,刘江华．能源价格上涨对我国出口贸易的影响[J]. 经济纵横,2012(7):115—118.

[15]陈宇峰,邵朝对．国际油价冲击对中国贸易条件的传导机制和动态影响[J]. 国际贸易问题,2013(5):3—18.

[16]陈丰龙,徐康宁．石油价格波动对经济全球化的影响观察与检验[J]. 国际经贸探索,2014,30(8):64—76.

[17]刘健,熊燕．能源价格差异、比较优势与中国出口贸易:基于国际面板PPML模型的经验研究[J]. 财贸研究,2018(2):76—87.

[18]Bridgman B. Energy Prices and the Expansion of World Trade[J]. *Review of Economic Dynamics*,2008,11(4):904—916.

[19]胡宗义,蔡文彬,陈浩．能源价格对能源强度和经济增长影响的CGE研究[J]. 财经理论与实践,2008(2):91—95.

[20]Mccoy S. T. ,Rubin E. S. The Effect of High Oil Prices on For Project Economics[J]. *Energy Procedia*,2009,1(1):4143—4150.

[21]Abu-Bader S. ,Abu-Qarn A. S. Trade Liberalization or Oil Shocks: Which Better Explains Structural Breaks in International Trade Ratios? [J]. *Review of International Economics*,2010,18(2):250—264.

[22]Chen S. S. ,Hsu K. W. Reverse Globalization:Does High Oil Price Volatility Discourage International Trade? [J]. *Energy Economics*,2012,34(5):1634—1643.

[23]Korsakien R. ,Tvaronaviien M. and Smaliukien R. Impact of Energy Prices on Industrial Sector Development and Export:Lithuania in the Context of Baltic States [J]. *Procedia-Social and Behavioral Sciences*,2014(110):461—469.

[24]张克菲．国际油价冲击对中国出口贸易的非对称效应研究[J]. 经济问题探索,2015(12):128—134.

[25]Sato M. ,Dechezleprêtre A. Asymmetric Industrial Energy Prices and International Trade[J]. *Energy Economics*,2015,52:130—141.

[26]孙艳芳．能源价格比较优势对中国出口贸易影响研究[J]. 价格理论与实践,2019(4):46—49.

[27]陈刚,余燕春．能源约束对出口贸易结构影响的实证分析[J]. 国际商务(对外经济贸易大学学报),2009(3):10—15.

[28]江静,路遥．要素价格与中国产业国际竞争力:基于 ISIC 的跨国比较[J]. 统计研究,2010(8):56—65.

[29]邵朝对．能源价格冲击对中国贸易结构的传递效应:基于投入产出法的实证研究[J]. 上海经济研究,2012(7):22—30.

[30]李晓,侯佳贝．国际油价变动对中国贸易结构影响的实证研究[J]. 经济经纬,2015,32(5):73—78.

[31]熊燕．比较优势视角下能源价格差异对我国出口贸易的影响[D]. 江西财经大学硕士学位论文,2018.

[32]施炳展,邵文波．中国企业出口产品质量测算及其决定因素[J]. 管理世界,2014(9):90—106.

[33]杨继生．国内外能源相对价格与中国的能源效率[J]. 经济学家,2009(4):90—97.

[34]王世进．国内外能源价格波动溢出效应研究[J]. 资源科学,2013,35(4):690—696.

[35]何凌云,程怡,金里程,钟章奇．国内外能源价格对我国能源消耗的综合调节作用比较研究[J]. 自然资源学报,2016,(1):1—16.

[36]何永秀,董振等．基于计量经济模型的国内外能源价格关系研究[J]. 华北电力大学学报,2013,39(2):64—69.

[37]张志杰,罗世兴．基于 VAR 与脉冲响应的国内外能源价格波动关系研究[J]. 中国矿业,2013,22(9):34—37.

[38]雷强,姜殿虹．国内外能源价格的非线性特征研究:以原油和天然气为例[J]. 中国石油大学学报(社会科学版),2014,30(4):1—5.

[39]陈迎,潘家华,谢来辉．中国外贸进出口商品中的内涵能源及其政策含义

[J]. 经济研究,2008(7):11—25.

[40]谢建国,姜珮珊. 中国进出口贸易隐含能源消耗的测算与分解:基于投入产出模型的分析[J]. 经济学(季刊),2014,13(4):1365—1392.

[41]沈利生. 我国对外贸易结构变化不利于节能降耗[J]. 管理世界,2007(10):43—50.

[42]李坤望,孙玮. 我国进出口贸易中的能源含量分析[J]. 世界经济研究,2008(2):3—7.

[43]李可爱,周申,任希丽,王奎倩. 中美双边贸易结构变动对我国能源消耗的影响[J]. 中南财经政法大学学报,2014(1):82—88.

[44] Ang B. W. The LMDI Approach to Decomposition Analysis: a Practical Guide [J]. *Energy Policy*,2005,33(7):867—871.

[45]Balassa B. Trade Liberalization and "Revealed" Comparative Advantage [J]. *Manchester School*,1965,33:99—123.

[46]Vollrath T. L. A Theoretical Evaluation of Alternative Trade Intensity Measures of Revealed Comparative Advantage [J]. *Review of World Economics*,1991,127(2):265—280.

[47]Johnson R. C. ,Noguera G. Accounting for Intermediates:Production Sharing and Trade in Value Added[J]. *Journal of International Economics*, 2012, 86(2):224—236.

[48]Wang Z. ,Wei S. J. ,Zhu K. F. Quantifying International Production Sharing at the Bilateral and Sector Levels[R]. Massachusetts:2013,NBER.

[49]Koopman R. ,Wang Z. ,Wei S. J. Tracing Value-added and Double Counting in Gross Exports[J]. *The American Economic Review*,2014,104(2):459—494.

[50]拓晓瑞,左连村. 基于增加值核算的我国出口产业竞争力分析[J]. 国际经贸探索,2015(6):46—55.

[51]张禹,严兵. 中国行业国际竞争力评估:基于比较优势与全球价值链的测算[J]. 国际贸易问题,2016(10):38—49.

[52]金碚,李鹏飞,廖建辉. 中国产业国际竞争力现状及演变趋势:基于出口产品的分析[J]. 中国工业经济,2013(5):5—17.

[53]周大鹏.中国产业竞争力的评估及企业所有制差异的影响研究:基于出口增加值核算方法的分析[J]. 世界经济研究,2014(9):81—86.

[54]Costinot A.,Donaldson D.,Komunjer I. What Goods Do Countries Trade? A Quantitative Exploration of Ricardo's Ideas[J]. *The Review of Economic Studies*, 2012,79(2):581—608.

[55]Khandelwal A. K.,Schott P. K.,Wei S. Trade Liberalization and Embedded Institutional Reform: Evidence from Chinese Exports[J]. *American Economic Review*, 2013,103(6):2169—2195.

[56]曾铮,张亚斌.人民币实际汇率升值与中国出口商品结构调整[J]. 世界经济,2007,30(5):16—24.

[57]Hudgins L.,Friehe C.,Mayer M. Wavelet Transforms and Atmospheric Turbulence[J]. *Physical Review Letters*, 1993,71(20):3279—3282.

[58]Torrence C.,Compo G. A Practical Guide to Wavelet Analysis[J]. *Bulletin of the American Meteorological Society*, 1998,(79):61—78.

[59]Bloomfield D.,et al. Wavelet phase coherence analysis: Application to a Quiet-Sun Magnetic Element[J]. *The Astrophysical Journal*, 2004,(617):623—632.

[60]蔡静. MATLAB R2015a 小波分析[M]. 清华大学出版社,2016.

[61]Schott P. K. Across-Product versus Within-Product Specialization in International Trade[J]. *The Quarterly Journal of Economics*, 2004,119(2):647—678.

[62]Falvey R. E. Commercial Policy and Intra-Industry Trade[J]. *Journal of International Economics*, 1981,11(4):1—511.

[63]Grossman G. M.,Helpman E. Quality Ladders in the Theory of Growth[J]. *Review of Economic Studies Limited*, 1991(58):43—61.

[64]Coreland B. R.,Kotwal A. Product Quality and the Theory of Comparative Advantage[J]. *European Economic Review*, 1996,40(9):1745—1760.

[65]Melitz M. J. The Impact of Trade on Intra-Industry Reallocations and Aggregate Industry Productivit[J]. *Econometrica*, 2003,71(6):1695—1725.

[66]Crozet M.,Head K.,Mayer T. Quality Sorting and Trade: Firm-Level Evidence for French Wine [J]. *The Review of Economic Studies*, 2012,79(2),609—644.

[67]Fan H. ,Li Y. ,Yeaple S. R. On the Relationship between Quality and Productivity:Evidence from China's Accession to the WTO[J]. *Journal of International Economics*,2018(110):28—49.

[68]施炳展 . FDI 是否提升了本土企业出口产品质量[J]. 国际商务研究,2015(2):5—20.

[69]Bernini M. ,Guillou S. ,Bellone F. Financial Leverage and Export Quality:Evidence from France [J]. *Journal of Banking & Finance*,2015(59):280—296.

[70]苏丹妮,盛斌,邵朝对 . 产业集聚与企业出口产品质量升级[J]. 中国工业经济,2018(11):117—135.

[71]Brambilla I. ,Porto G. G. High-Income Export Destinations,Quality and Wages[J]. *Journal of International Economics*,2016(98):21—35.

[72]Lages L. F. ,Silva G. ,Styles C. Relationship Capabilities Quality,and Innovations as Determinants of Export Performance[J]. *Journal of international marketing*,2009,17(4):47—70.

[73]吴艳芳,王益明 . 我国出口产品质量升级:基于中间品价格扭曲的视角[J]. 南开经济研究,2018(1):124—139.

[74]Bas M. ,Strauss-Kahn V. Input-Trade Liberalization,Export Prices and Quality Upgrading [J]. *Journal of International Economics*,2015(95):250—262.

[75]Long M. S. ,Malitz L. B. Investment Patterns and Financial Leverage in Corporate Capital Structures in the United States [R]. NBER,1985:325—352.

[76]Hall B. H. ,The Financing of Research and Development[J]. *Oxford Review of Economic Policy*,2002,18(1):35—51.

[77]张杰,翟福昕,周晓艳 . 政府补贴、市场竞争与出口产品质量[J]. 数量经济技术经济研究,2015(4):71—87.

[78]盛斌 . 中国对外贸易政策的政治经济分析[M]. 上海人民出版社,2002.

[79]鲁晓东,连玉君 . 中国工业企业全要素生产率估计:1999—2007[J]. 经济学(季刊),2012(2):541—558.

[80]Du L. ,Harrison A. E. ,Jefferson G. H. Testing for Horizontal and Vertical Foreign Investment Spillovers in China,1998—2007 [J]. *Journal of Asian Econom-*

ics,2012,23(3),234－243.

[81]Fan H.,Lai E.,Li Y. Credit Constraints,Quality,and Export Prices:Theory and Evidence from China [J]. *Journal of Comparative Economics*,2015,43:390－416.

[82]方健雯,赵增耀. 外商直接投资技术溢出机制研究:基于江苏省制造业面板数据实证分析[J]. 数理统计与管理,2010(5):761－769.

[83]Manova K.,Yu Z. How Firms Export:Processing vs. Ordinary Trade with Financial Frictions [J]. *Journal of International Economics*,2016,100:120－137.

[84]于洪霞,龚六堂,陈玉宇. 出口固定成本融资约束与企业出口行为[J]. 经济研究,2011(4):55－67.

[85]杨志云,陈再齐. 要素生产率、资本深化与经济增长:基于 1979－2016 年中国经济的增长核算[J]. 广东社会科学,2018(5):41－51.

[86]胡宗义,刘亦文. 能源要素价格改革对我国经济发展的影响分析:基于一个动态可计算一般均衡(CGE)模型[J]. 系统工程,2009(2):91－95.

[87]Levent A.,Mustafa A. Economic Impact of Oil Price Shocks on the Turkish Economy in the Coming Decades:a Dynamic CGE Analysis[J]. *Energy Policy*,2011,(39):1722－1731.

[88]Chai J.,Guo J. E.,Wang S. Y.,Lai K. K. Why does Energy Intensity Fluctuate in China? [J]. *Energy Policy*,2009,(37):5717－5731.

[89]Ju K.,Su B.,Zhou D.,et al. Does Energy-Price Regulation Benefit China's Economy and Environment? Evidence from Energy-Price Distortions [J]. *Energy Policy*,2017,105:108－119.

[90]陆文聪,李元龙. 中国出口增长的就业效应:基于 CGE 模型的分析[J]. 国际贸易问题,2011(9):14－24.

[91]Zhai F. and Hertel T. Impacts of the Doha Development Agenda on China:the Role of Labor Markets and Complementary Education Reforms[J]. *Policy Research Working Paper*,2005,(9):1－37.

[92]Yuhn K. Economic Growth,Technical Change Biases,and the Elasticity of Substitution:A Test of the de La Grandville Hypothesis [J]. *The Review of Econom-*

ics and Statistics,1991,73(2):340—346.

[93]Klump R.,Mcadam P.,Willman A. Factor Substitution and Factor-Augmenting Technical Progress in the United States:A Normalized Supply-Side System Approach[J]. *The Review of Economics and Statistics*,2007,89(1):183—192.

[94]李媛,金殿臣. 中美制造业国际竞争力比较:基于 GVC 参与指数及 GVC 地位指数的分析[J]. 国际贸易,2017(2):79—87.

[95]Kolstad I.,Wiig A. What Determines Chinese Outward FDI? [J]. *Journal of World Business*,2012,47(1):26—34.

[96]Yang J.,et al. Capital Intensity,Natural Resources and Institutional Risk Preferences in Chinese outward Foreign Direct Investment[J]. *International Review of Economics and Finance*,2017(55):10.

[97]黄宪,张羽. 转型背景下中国 OFDI 结构演化分析:基于企业投资动机和东道国需求结构的双重视角[J]. 国际贸易问题,2018(1):123—134.

[98]王班班,吴维. 碳价格对中国工业外商直接投资的潜在影响[J]. 中国人口资源与环境,2017(10):159—167.

[99]Stoian C.,Mohr A. Outward Foreign Investment from Emerging Economies:Escaping Home Country Regulative Voids[J]. *International Business Review*,2016(25).

[100]Lau C.,Ngo H.,Yiu D.,et al. Internationalization and Organizational Resources of Chinese Firms [J]. *Chinese Management Studies*, 2010,4(3):258—272.

[101]Wang C.,Hong J.,et al. What Drives outward FDI of Chinese Firms? Testing the Explanatory Power of Three Theoretical Frameworks[J]. *International Business Review*,2012,21(3):1—438.

[102]Chen C. Determinants and Motives of Outward Foreign Direct Investment from China's Provincial Firms [J]. *Transnational Corporatons*,2015(23).

[103]冀相豹,葛顺奇. 母国制度环境对中国 OFDI 的影响:以微观企业为分析视角[J]. 国际贸易问题,2015(3):76—85.

[104]Lucas R. E. Why doesn't Capital Flow from Rich to Poor Countries? [J]. *The American Economic Review*,1990,(80):92—96.

[105]Daude C. ,Stein E. The Quality of Institutions and Foreign Direct Investment[J]. *Economics&Politics*,2010,19(3):317—344.

[106]贺娅萍等.“一带一路”沿线国家的经济制度对中国 OFDI 的影响研究[J].国际贸易问题,2018(1):92—100.

[107]Busse M. ,Hefeker C. Political Risk,Institutions and Foreign Direct Investment[J]. *European Journal of Political Economy*,2007(23):397—415.

[108]Brainard S. L. An Empirical Assessment of the Proximity-Concentration Tradeoff between Multinational Sales and Trade [R]. NBER working paper, No. 4580,1993.

[109]Buckley P. J. ,Clegg L. J. ,Cross A. R. ,et al. The Determinants of Chinese Outward Foreign Direct Investment[J]. *Journal of International Business Studies*, 2009,40(2):353—354.

[110]Mundell R. A. International Trade and Factor Mobility[J]. *The American Economic Review*,1957(47):321—335.

[111]Zhang X. ,Daly K. The Determinants of China's outward Foreign Direct Investment[J]. *Emerging Markets Reviews*,2011,12(4):389—398.

[112]Froot K. A. ,Stein J. C. Exchange Rates and Foreign Direct Investment:an Imperfect Capital Markets Approach [J]. *The Quarterly Journal of Economics*,1991(106):1191—1217.

后 记

本书是在我的国家社科基金项目《国内外能源相对价格对中国高、低能耗行业出口的差异化影响及其对策研究》结题报告的基础上修改完善而成的，课题组成员刘江华博士、吴凌芳博士及我的硕士研究生李琼源都为该书的成稿做出了很大的贡献，在此一并表示感谢。同时，也感谢国家社会科学基金的支持，使作者能与课题组全体成员一起安心地对这一课题进行全面深入的研究。

国内外能源相对价格对中国出口贸易发展影响的研究始于我攻读博士学位期间，到本书成稿之时，我已经持续研究了 10 年时间。其间遇到过很多困难，也在某些时候觉得很难继续深入下去，想放弃这个方向，好在还是坚持下来了，终于完成了这本拙作。我想这大概就是研究工作的乐趣所在，不断地遇到困难，然后不断地解决困难，这个过程让我体验到坚持的力量，也让我收获到发现的成就感。人生何尝不是如此！希望借此书的出版给已经中年的自己吹响一次再出发的号角，未来人生路上继续披荆斩棘，领略更加广阔的新天地。

鉴于自身水平的局限，书中难免存在不足之处，恳请欢迎各位读者批评指正。